正念生活 藝術

轉心禪修七法門，
此時此地就能自在幸福

教精神導師
師 Thich Nhat Hanh——著
陳麗舟——譯

THE ART of LIVING

Peace and Freedom in the Here and Now

這一片刻幸福與否，取決於你。

是你讓這片刻幸福，而不是這片刻讓你幸福。

保持正念、專注與洞察力，任何片刻都能變成幸福的片刻。

目錄

目錄

序

我第一次聽聞一行禪師的開示，是一九五九年在西貢的舍利寺（Xa Loi Temple）。那時我是個大學生，對生命和佛法充滿了疑問。儘管當時他還是位年輕的比丘，但已經是知名的詩人和有所造詣的學者。他的第一場演說就深深感動了我，我從未聽聞任何人講述得如此美好、如此深刻。我被他的學問、智慧以及對實修佛法的願景所震撼，這樣的實修佛法深深地扎根於古代教義，卻相應於我們這個時代的需要。當時我已積極投身貧民窟的社會工作，夢想著能夠救濟貧困和促進社會的變革。並非每個人都支持我的夢想，但是Thay（我們喜歡如此稱呼一行禪師；越南語「老師」之意）非常鼓勵我。Thay告訴我他相信任何人都可以達至覺悟，無論從事什麼工作，只要是他或她最享受其中的工作。他說，最重要的是做自己，盡可能深刻地、正念地過生活。那時我就明白，我已經找到我的導師了。

過去的五十五個年頭，我有幸和一行禪師一起修學、一起工作，在越南組織社會工作計畫、在巴黎進行和平工作、於公海營救船民，並且協助導師在歐洲、美國和亞洲建立修行中心。我見證了導師的教法的演進與深化，使之適應於我們這個時代不斷遞變的需求和挑戰。他總是熱切投入與科學、健康、政治、教育、企業和科技領袖對話，因此他可以對我們的現況有更深的理解，發展出適切且有效的正念修行。他對基礎佛法持續展現非凡的新洞見，直到二〇一四年十一月於八十八歲時意外中風。有時候他會從行禪中返回，拿起他的毛筆，以書法寫下短句，捕捉這些洞見。當中不少句子都被含括在本書。

這本卓越的著作是由一行禪師的出家弟子編輯而成，保存了他近兩年的開示中有關正念生活的藝術之精髓。特別值得一提的是，本書呈現了二〇一四年禪師於法國梅村正念修行中心二十一天禪修營所做的極具開創性之開示，關注的主題則是：我們死後會發生什麼事？活著時又如何？

我不斷受到導師真實體現自身教法所感動。他是一位生活藝術的大師。他珍惜生命，儘管這些年來他所遭逢的逆境，包括戰爭、流亡、背叛、病痛，他都從未放棄。他在呼吸當中、在當下的奇蹟中找到了庇護。他是一位倖存者。他活了下來，這要感謝他的弟子和僧團的愛，也要感謝他在禪修中、正念呼吸中，以及餘暇時刻的散步與徜徉大自然間所獲得的滋養。無論是在戰爭艱困的年代，或是太平和諧的年代，我目睹了智慧如何使得我的導師能無懼且滿懷慈悲、信念與希望，去擁抱生命的喜悅和苦難，而現在這些智慧你都可以在本書中找到。我祈願你們所有人都能追隨一行禪師的腳步，在自身的生活中成功落實本書的教導，因而為你自己、你的家庭和世界帶來療癒、愛與幸福。

真空比丘尼 Sister Chan Khong

前言

我們與地球如此親近，以致於有時候我們忘記了地球是多麼美麗。從外太空望向地球，我們的藍色星球是如此顯目地充滿生氣活力——一個現存的天堂，懸浮在巨大且懷有敵意的宇宙間。在第一次的登月旅程，宇航員看到地球從月球荒涼的地平線上升起而驚愕不已。我們知道月球上沒有樹木、河流或鳥禽。就我們所知，從未有其他星球曾發現生命存在。據報導，身處居高臨下繞軌道運行的太空站時，宇航員們的空檔時間大多在凝視位於遙遠下方的地球那令人屏息的景象。遠遠望去，地球就像一個活生生的、會呼吸的龐然有機體。望著地球的美麗與神奇，宇航員們感受到對整個地球的大愛。他們知道在這小小的星球上有數十億的人口，充滿喜悅幸福、也充滿痛苦地度過他們的一生。他們看到暴力、戰爭、饑荒和環境的破壞。同時他們也清楚看到這個小小的藍色星球是如此脆弱、珍貴，且不可取代。就如某位宇航員所言：「我們以技術專家的身分奔向月球，卻以人道主義者返回。」

科學追求理解，幫助我們了解遙遠的星群和星系、我們在宇宙的位置，以及物質、生物細胞和我們身體的細密構造。科學，就如哲學一般，關注於理解存在的本質與生命的意義。

靈性也是一門探索和研究的領域。我們想要理解我們自身、周遭的世界，以及生活在地球上的意義。我們想要知道我們真正是誰，也想要了解我們的苦難。了解苦難會帶來接受與愛，這正是決定生命品質的關鍵。我們都需要被了解與被愛。而我們也都想要去了解和去愛。

靈性並非宗教，而是一條引導我們通向幸福、理解和愛的道路，讓我們可以將生命的每一刻都活得更加深刻。生命具有靈性的面向並不表示要逃離生活，或住在這個世界以外的極樂之地；相反地，是在我們所在的位置，在這個美麗的星球上，去發掘處理生活困境與帶來平靜、喜悅、幸福的方法。

佛法上有關修習正念（念）、專注（定）和智慧（慧）的精神與科學精神非常相近。只是我們不使用昂貴的儀器裝備，而是運用清明的心和我們的定靜，帶著開放且無分別的心，為自身深刻地觀察和探究實相。我們想要知道我們來自何方、去向何處。最重要的是，我們想望快樂幸福。人文學促成許多天賦異稟的藝術家、音樂家和建築師的誕生，但是，我們之中有多少人，能夠精通為我們自己和周遭的人創造幸福片刻的藝術呢？

如同地球上的各色物種，我們總是在尋找讓我們能發揮最大潛力的理想條件。我們想要做的比僅僅生存更多。我們想要好好活著。但活著意味什麼？死亡又意味什麼？當我們死去會發生什麼事？死後還有生命嗎？有輪迴轉世嗎？我們會再見到摯愛的人嗎？我們有一個可以上天堂、至涅槃或到上帝那兒去的靈魂嗎？這些疑問存在每個人的心中，有時化為言語說出來，有時未被道破，但它們終究在那裡；每當我們想到生命，想到我們所愛的人、我們的病痛或日漸衰老的雙親，或是那些已經離世的人們，這些問題就會扯拽著我們的心。

我們如何能開始回答這些關於生與死的問題？一個好的且正確的答案，應該基於證據。這不是一個信念或信仰的問題，而是深入諦觀的問題。禪修，就是深刻地諦觀，看見他人看不見之處，包括那些因我們所受的苦難而形成的錯誤見解。當我們可以打破這些錯誤知見，就能夠掌握安詳自在地快樂生活的藝術。

我們需要打破的第一個錯誤知見是：我是一個單獨的自我，斷隔於其餘世界。我們傾向認為每個人都有個單獨的自我，生於某一時且必死於另一刻，而且在我們活著時，這個自我是固定不變的。只要心存這個錯誤知見，我們必將受苦；我們會給周遭的人製造苦難，也會對其他物種和我們珍愛的這個星球造成傷害。許多人抱持的第二個錯誤知見是：我僅僅是這一具身軀，死了就不復存在。這個錯誤知見會使我們視而不見，不願承認我們和周遭世界是全面全向地相互關聯，即便死後仍然持續下去。許多人所持的第三個錯誤知見是：我們所追尋的，無論是幸福、天堂或愛，都只能在我們身外、在遙遠的未來找到。我們可能耗上一輩子追求、等待這些東西，卻沒發現可以在自身、在此時此刻就找得到。

有三種基礎的修習能夠幫助我們免於這三種錯誤知見：對**空**、**無相**和**無願**的專注諦觀★，即所謂的「三解脫門」，這是所有佛教門派共通的法門。關於何謂生、何謂死，這三種修習為我們提供了深刻的智慧，幫助我們轉化悲傷、焦慮、寂寞和疏離感，讓我們免於錯誤知見，因此可以活得深刻、活得滿足，面對瀕死和死亡毫無畏懼、不生憤怒，也不心懷絕望。

我們也可以探索另外四個專注諦觀：**無常**、**無貪**、**放下**和**涅槃**。這四種修習在一本很棒的早期佛教經典《安般守意經》（*Sutra on the Full Awareness of Breathing*）中可以找到。諦觀**無常**，有助我們理解我們和所愛的人不會永遠在這裡。諦觀**無貪**，讓我們可以不疾不徐地坐下來，想明白什麼是真正的幸福；我們會發現我們已經擁有綽綽有餘的條件，足以讓我們幸福，就在此時此地。諦觀**放下**，幫助我們鬆開苦難的糾結，轉化和釋放痛苦的感受。深刻地諦觀所有這些法門，我們就能夠觸及**涅槃**的寧靜與自在。

這七個修習非常實用，同時也能讓我們對實相有所醒覺。它們有助我們珍惜自

★譯按：原文concentrations on emptiness, signlessness, and aimlessness，指空三昧、無相三昧、無願三昧，或空定、無相定、無願定。

己所擁有的，如此我們就能夠發現此時此地的真實幸福。它們為我們帶來智慧：我們需要珍惜所擁有的時間，與所愛的人和解，並且將苦難轉化為愛與理解。這就是生活的藝術。

為了理解何謂生、何謂死，我們需要運用正念、專注和洞察力（念、定、慧）。我們可以將科學和靈性的發現稱為「洞見／智慧」，將培養和保持這些智慧的修習稱為「定」。

以科學和靈性的洞見，我們有機會在二十一世紀克服人類苦難的根本原因。如果二十世紀的特徵是個人主義和消費，那麼二十一世紀的特色則是對互聯性的洞察，以及探索團結與和睦相處的新形式。修習這七種專注諦觀，我們能夠看見事事皆相互依存，免於錯誤知見，打破分別心的藩籬。我們所尋求的自由並非那種自我毀滅，或毀滅其他國族或環境的自由，而是讓我們免於寂寞、憤怒、憎恨、恐懼、渴欲和絕望的自由。

佛陀的教法非常清晰、有效且容易理解。佛法打開了生活的路徑，不僅為了個人的利益，也為了全體物種。我們有能力決定這個星球的命運。佛法提供了我們有關人本主義最明晰的表達。我們的智慧和我們的行動會拯救我們。如果我們對真實的境況有所醒覺，我們的意識將會出現集體的改變。那麼我們的希望將是有可能實現的。

讓我們探究這七個專注諦觀（深刻地觀入實相）如何照亮我們的境況、我們的苦難。如果閱讀時你發現自己處於不熟悉的境地，就呼吸吧。這本書是我們一起經歷的旅程，猶如漫步穿越森林，享受我們珍貴的星球令人屏息的美妙。時而會出現一棵披著美麗樹皮的樹木、一個引人注目的岩石構造，或生意盎然的苔蘚鋪滿小徑，而我們想要夥伴們也能享受相同的美景。有時候沿途上我們會坐下來一起享用午餐，甚或掬一口清泉。這本書就有點像那樣。偶爾我們若停下來小憩片刻，啜幾口飲料，或只是坐在那兒，我們之間的沉靜就已是圓滿。

定靜

梅村，位於法國的一處正念禪修中心，是我常駐的地方，那兒以前有個走廊名為「聽雨廊」。我們建造這座走廊就是為了這個目的——坐在那兒聆聽下雨聲，不需要思慮任何事。聽著雨聲，有助我們的心達至定靜的境界。

引領心入靜是容易的。你只需要專注於一件事物。只要你的心聆聽著雨，它就不會思慮其他事。你毋須費力安靜你的心。你要做的只是放鬆，持續聆聽下雨。你能如此做得愈久，你的心就會愈靜。

像這樣靜靜坐著，會讓我們看見事物本來的樣子。當身體放鬆，心就會逐漸安息，我們就能看得清楚。我們如山上湖泊的水一般寂靜、清澈。寧謐的湖面映照著天上的藍空、雲朵，以及周遭的岩峰，一如它們本來的樣貌。

一旦我們不安不靜，心就會恓惶不寧，無法將實相看清楚。我們會像颳風天的湖泊，湖面波瀾盪漾，映照出變形扭曲的天空。然而，只要我們恢復靜，就能夠看得更深刻，並且開始看到真實。

練習：呼吸的藝術

正念呼吸是一種美妙的方法，可以讓身體和感受靜下來，回復平靜與安詳。正念地呼吸並不困難，任何人都可以練習，甚至是小孩。

當你正念地呼吸時，你將身心帶入和諧，專注於呼吸的美妙。我們的呼吸美如樂音。

吸氣，你知道你正在吸氣。你將所有的注意力帶回到你的吸氣。當你吸氣時，全身充盈著安詳與和諧。

呼氣，你知道你正在呼氣。當你呼氣時，平靜、放鬆與放下。讓臉部的肌肉和肩膀放鬆下來。

你不用強迫自己吸氣和呼氣。一點兒都不需要刻意造作。你毋須干涉你的呼吸，只要讓呼吸自然地進行。

當你吸氣和呼氣時，想像某個人用小提琴拉了一個很長的音，琴弓在琴弦上前後拉著。音符聽起來持續不斷。假如你為你的呼吸畫一幅圖像，看起來應該像一個8，而非一條直線，因為呼吸進進出出是連續不歇的。呼吸變成了音樂。

這樣呼吸，就是正念。當你能維持正念，就是專注。哪裡有專注，哪裡就有洞見（一種突破），能夠將更多的安詳、理解、愛和喜悅帶入你的生命。

在繼續讀下去之前，讓我們稍微享受片刻，聆聽我們一起呼吸的樂音。

吸氣，我享受我的吸氣。

呼氣，我享受我的呼氣。

吸氣，我的全身因吸氣而和諧。

呼氣，我的全身因呼氣而平靜。

吸氣，我的全身享受著我吸氣的寧靜。

呼氣，我的全身享受著我呼氣的放鬆。

吸氣，我享受著我吸氣的和諧。

呼氣，我享受著我呼氣的和諧。

第一章
空：相即的奇蹟

空意味著充滿了萬事萬物，
卻沒有個別獨立的存在。

想像一朵美麗的花兒，片刻即可。那朵花可能是蘭花或玫瑰，甚至是路邊一朵不起眼的小雛菊。看著一朵花，我們可以看到它充滿了生命。花兒含納著土壤、雨水和陽光，花朵裡也充滿了雲、海洋和礦物，甚至充滿空間和時間。事實上，整個宇宙就存在於這一朵小花。如果我們拿掉這些「非花」的成分，花朵就不存在。沒有土壤的養分，花朵無法成長。沒有雨水和陽光，花朵會枯萎。除去非花的成分，不會留下任何我們可以稱之為「花」的實體。這樣的觀察告訴我們：花朵裡充滿了整個宇宙，沒有分別的存在。花朵無法單憑自身而存在。

我們也都充滿許多事物，沒有單獨的自我。如同花朵，我們包含泥土、水、空氣、陽光和溫暖。我們包含著空間和意識。我們包含了我們的祖先、我們的雙親和祖父母、教育、食物與文化。我們是整個宇宙相聚在一起所創造出來的奇妙顯現。如果除去了這些「非我」成分的任一個，將沒有所謂的「我」。

空：第一解脫門

空，並不表示無。說我們是空的，並不意味我們不存在。無論一個東西是滿的或空的，首先它必須在那裡。當我們說一個杯子是空的，為了是空的，那個杯子必須在那裡。當我們說我們是空的，意味著為了沒有永恆、單獨的自我，我們必須在那裡。

大約三十年前，我在尋找用來形容我們和其他所有事物深刻相互關聯的英文用語。我喜歡「密不可分」（togetherness）這個詞，但最後採用「相即」（interbeing）。動詞 to be（存在）可能會造成誤導，因為我們不可能單憑我們自身而存在。「存在」（to be）總是「相互存在」（inter-be）。如果我們將前置詞 inter 和動詞 to be 組合在一起，就有了一個新的動詞 inter-be。To inter-be（相互存在）更正確地反映了實相。我們彼此相即，我們和所有生命相互依存。

我非常欣賞一位名為路易士·湯瑪斯（Lewis Thomas）的生物學家的作品。他描述我們人類的身體如何被其他無數的小小有機體「分享、租用和占據」，沒有這些小小有機體，我們不可能「動動肌肉、敲敲手指或想想點子」。我們的身體是一個社區，體內數以兆計的非人類細胞甚至比人類的細胞更多。沒有它們，我們此刻不可能存在這裡。沒有它們，我們無法思考、感覺或說話。路易士說，沒有單獨的存在。整個星球是一個巨大、生氣勃勃、會呼吸的細胞，所有運作的部分皆共生地鏈結在一起。

相即的智慧

日常生活中就可以觀察到空性和相即。看著一個小孩，我們很容易在她身上看到她父母和祖父母。她看待事物的方式、她舉手投足的模樣、她談論的事情，甚至她的技藝和天分，都和她雙親一個樣兒。有時候如果我們無法了解一個孩子為何做出某種行為，要記得她不是單獨存在的自我實體（self-entity）。她是一個延續的存在。她的雙親和祖先在她之內。當她走路和說話時，他們也一樣在行走和說話。看著孩子，我們就能觸及她的雙親和祖先；同樣地，當我們看著父母，也能看到小孩。我們並非獨立的存在，我們皆相即。萬事萬物為了顯現，都必須依賴宇宙中其他一切事物，不論是星辰、雲朵、花兒、樹木，或你和我。

我記得有一次我在倫敦沿著街道行禪時，看到書店櫥窗裡擺著一本書，書名是《我的母親，我自己》（*My Mother, Myself*）。我並沒有購買那本書，因為我感覺自己已經知道書的內容。我們每個人確實都是母親的延續；我們就是我們的母親。因此無論何時我們對父母生氣，我們也是在對自己生氣。無論我們做什麼，我們的父母都與我們一起做。這或許令人難以接受，但千真萬確。我們無法說我們不想和父母有任何關係。他們就在我們之中，我們就在他們之中。我們是我們所有先祖的延續。而因為無常，我們有機會將我們所繼承的朝美麗的方向轉化。

每次我在禪修中心的佛龕前獻香或頂禮時，我並非以個別的自我做這件事，而是身為整體的傳承者在做這件事。每當我走路、就坐、進食或練習書法時，我覺知到我所有的祖先此時此刻皆在我之中。我是他們的延續。無論我正在做什麼，正念的能量使我能夠身為「我們」而做，而非只是「我」。當我手握毛筆時，我知道我無法將父親從我的手去除，我知道我不能將母親和先祖們從我身上去除。他們總是存在於我所有的細胞中、我的儀態舉止間，以及我能夠畫一個漂亮的圓的能力裡。我也無法將我的心靈導師從我手中抹去，他們就存在我享受平靜地、專注地、正念地握筆畫圓的片刻間。我們所有人皆一起畫著圓圈，沒有單獨的自我在做這件事。在我練習書法時，我領悟到**無我**的深奧智慧。它變成一種深刻的禪修。

不論在職場或家裡，我們都可以練習在一舉一動間看見我們的祖先與導師們。當我們表現出一項他們傳承下來的才能或技藝時，我們可以看見他們的臨在。當我們準備餐飯或清洗碗盤時，我們能在我們身上看到他們的雙手。體驗這種深刻的連結，避免落入我們是單獨自我的想法。

我們是一條河流

我們可以從遍及各處的相即來深觀空性；相即是指我們與周遭每樣事物和每個人皆相關。我們可以從遍及各處的無常來深觀空性；無常意味著在兩個相續的時刻，沒有任何事物可以維持不變。希臘哲學家愛菲斯的赫拉克利特（Heraclitus of Ephesus）曾說：「你不可能兩次都涉入同一條河流中。」河水總是在流動，因此只要我們一爬上岸，再次涉入河中時水就已經變了。甚至在短短的時空中，我們也已經改變。我們的身體細胞每秒都在死去和生成。我們的思維、感知、覺受和心態也是時刻都在變化。因此我們不可能二次在同一條河流中游泳；河流也不可能二次迎接到同樣一個人。我們的身體和心緒是不斷變化的連續體。雖然我們和前一刻看起來似乎是相同的，也依舊稱呼同一個名字，但我們是不同的。不論科學儀器多麼高端複雜，我們無法在個人之中找到維持同樣不變而我們稱之為靈魂或自我的東西。

一旦我們接受無常的實相，我們也必須承認無我的事實。

觀空性和觀無常可以讓我們不致認為我們是單獨且分別的自我。這種智慧可以幫助我們從錯誤知見的牢籠裡跨出來。當我們看著一個人、一隻鳥、一棵樹或一塊石頭，我們必須訓練自己保持空性的智慧。這和打坐冥思空性非常不同。我們必須真實地在我們自身和他人身上諦觀空性、相即和無常的本性。

例如，你稱我為越南人，你可能相當確定我是越南僧人。但事實上從法律層面來說，我沒有越南護照。從文化層面來說，我身上有法國的成分，也帶有中國文化，甚至印度文化。在我書寫和教學時，你可以發現數個文化淵源。從民族層面來說，並沒有所謂「越南族」。我身上有美拉尼西亞人（Melanisian）的成分、印度尼西亞人的成分，以及蒙古人種的成分。就像花朵是由非花的成分所構成，我也是由非我的成分所組成。這種相即的智慧有助我們接受無分別的智慧，讓我們自由。我們不會想著僅僅歸屬於某一地理區域或文化認同，而是在我們身上看到整個宇宙的展現。愈是以空性的智慧來諦觀，我們就能發現愈多，理解也愈深刻。這麼做自然而然會帶來慈悲、自在和無懼。

請以我的眞名喚我

我記得一九七〇年代的某一天，當時我們還在為巴黎的越南佛教和平代表團（Vietnamese Buddhist Peace Delegation）工作，有可怕的消息傳來。許多人搭船逃離越南，而這向來都是非常危險的旅程，不僅因為有暴風雨的威脅，也缺乏足夠的燃料、食物或水，而且還有遭遇活躍於泰國沿海的海盜襲擊的風險。我們聽聞的故事是一場悲劇：海盜強行登船，拿走值錢的物品，強暴了一個十一歲大的女孩。女孩的父親試圖反抗，被海盜丟入海中。女孩被侵害之後也投水自盡。父女雙雙喪命於大海。

我聽到這個消息後無法入睡。我感到強烈的悲傷、同情和憐憫，但是身為修行人，我們不能讓憤怒和無助的情緒癱瘓我們。於是我透過行禪、靜坐和正念呼吸，更深入諦觀這個情況，試著理解這一切。

我觀想自己是一個出生於泰國貧困家庭的小男孩，父親是目不識丁的漁夫。一代傳一代，我的祖先們生活在窮苦中，未受教育也未獲援助。我也沒有讀任何書，甚至在充滿暴力的環境下長大。某一天，有人找我出海當海盜賺大錢，我也傻傻地答應了，渴望著終能打破貧困的不幸輪迴。然後，在同儕的壓力下，又沒有海防巡邏的制止，我強暴了一位美麗的女孩。

從來沒有人教我如何去愛或如何去理解。我從未接受過任何教育，也沒有人讓我看到未來。如果你也在那船上，帶著一把槍，你可能已經朝我開槍。你可能會殺死我，但是你絕不可能幫得了我。

在巴黎那個夜晚的禪觀，我看到數百名嬰孩在相似的環境下誕生，而且他們長大後將成為海盜，除非我現在做些什麼去幫助他們。我看到這一切，然後我的憤怒退去。我的內心充滿了同情和寬恕的能量，我不僅能以雙臂懷抱那個十一歲大的女孩，也能擁抱那個海盜。我可以在他們身上看到我自己。這是深觀空性與相即所結的果實。我可以看到苦難不僅是個人的，也是集體的。苦難透過我們的祖先傳給我們，或者苦難就在我們身旁的社群中。當我的責難和瞋恨被驅散，我下定決心終我一生皆要幫助受害者，也要幫助加害者。

因此，如果你稱呼我為釋一行，我會說：「是的，就是我。」如果你把我稱作那個年輕女孩，我會說：「是的，就是我。」這些都是我的真名。如果你把我稱作戰區那些沒有未來的赤貧孩童，我會說：「是的，就是我。」如果你把我稱作販售武器擁護戰爭的軍火販子，我會說：「是的，就是我。」所有這些人皆是我們，我們和每個人皆相即。

當我們能夠擺脫人我分別的想法，
我們會擁有慈悲，我們會擁有理解，
以及擁有幫助他人所需的能量。

眞理的兩種層次

在日常語言中，我們會說「你」、「我」、「我們」、「他們」，因為這些指稱是有用的。它們可以識別我們所談論的對象，但明白這些用詞僅是傳統的指涉，也是很重要的。這些用詞只是相對真理（世俗諦），而非究竟真理（勝義諦）。我們遠遠超過這些標籤和範疇。要在你、我和宇宙之間強畫一條分隔線是不可能的。相即的智慧有助我們理解空性的勝義諦。空性的教義並不是關於自我的「死去」。自我不需要死去。自我僅是一個想法、一個幻影、一個錯誤知見、一個概念；它並非真實存在。一個不存在的東西怎麼可能死去呢？我們不需要去殺死自我，但是我們可以透過對實相獲致更深的理解，來去除有個單獨的自我這樣的錯覺。

無所有者，無主人

當我們把自己看作一個單獨的自我、一個單獨的存在，我們認同我們的想法和身體。我們認為我們是身體的主人或所有者。我們可能會想「這是我的身體」或「這是我的心識」，就像我們會認為「這是我的房子」、「這是我的車子」、「這些是我的資格證書」、「這些是我的感受」、「這些是我的情緒」、「這些是我的苦惱」。事實上，我們不該如此理所當然。

當我們思考或工作或呼吸時，許多人相信在我們的行動背後，一定有一個人格（person），一個行動者（actor）。★我們相信一定有「某個人」在做那個行為。但是當風吹起時，風的背後並沒有一位吹風的人；只有風，如果風沒有在吹，就一點風也沒有。當我們說「正在下雨」（It is raining.），不需要一個下雨的人來下雨。誰是下雨的那個它（it）呢？只有下雨。雨正在下。

★譯按：person的拉丁字源是*persona*，意思是「戲劇表演時所戴的面具」，這個字的概念和後面的actor，即「舞台演員」，前後呼應以彰顯「個人」這樣的觀念。

同樣地，在我的行動之外，沒有一個人，沒有我們稱為「自我」的東西。當我們思考時，我們就是我們正在運轉的思考。當我們工作時，我們就是那正在進行的工作。當我們呼吸時，我們就是那一進一出的呼吸。當我們行動時，我們就是我們的行動。

我記得看過一幅漫畫，描繪法國哲學家笛卡兒（René Descartes）站在一匹馬前面，手指指向空中，說：「我思，故我是。」（I think, therefore I am.）在他後頭的那匹馬納悶著：「你是『什麼』？」★

笛卡兒嘗試論證自我的存在。依據他的邏輯，假如我正在思考，那麼就一定有一個「我」為了進行思考而存在。假如我不存在的話，那麼誰在進行思考呢？

我們不能否認思考正在進行。顯然思考正在發生。大多數時候問題就在於太多思考正在發生，想著昨天、擔憂著明天，所有這些思考都把我們從自身帶走，把我們從此時此地帶走。當我們陷入思索過去和未來，我們的心就沒有和我們的身體在一塊兒，與當下在我們之內與周遭的生命失去了連結。因此，更為正確的說法或許是：

我思（過多），
故我是（沒有活在此時此地）。

要描述思考的過程，最精確的方式並不是說「某個人」正在思考，而是「思考正在顯現」（thinking is manifesting），是眾多條件聚合（因緣和合）而成的非凡、奇妙的結果。我們不需要為了思考而有一個自我存在；思考正在進行，只有思考。沒有一個另外的單獨存有者（entity）在進行思考。只要有思考者，則思考者就和思考同時存在。如同左邊和右邊的關係，你不可能僅有一邊，而沒有另一邊。他們在同一時刻顯現。只要有一個左邊，就會有一個右邊。只要有一個思考，就會有一個思考者。思考者就**是**思考。

身體和行動的關係也是如此。數百萬個神經元在我們的大腦裡一起合作，不斷

★譯按：I am 意思為「我在」或「我是」。為了呼應後面馬的反應，因此未採取慣用譯法「故我在」。

地溝通。他們和諧地行動，產生一個動作、一種感受、一個念頭或一個知覺。那裡並沒有一個指揮，沒有做決定的頭兒。我們無法在腦袋或身體任何部位找出控制每件事的所在。有思考、感受、知覺的行動，但沒有行動者，也沒有進行思考、感受和知覺的單獨的自存者。

一九六六年，我在倫敦大英博物館裡注視著一具屍體，產生相當強烈的體驗。那具屍體被自然地保存在沙土中，以胎兒的姿勢躺著已超過五千年。我佇立在那裡許久，非常專注地看著那具屍體。

幾個星期後在巴黎時，有天我在午夜突然醒來，很想要摸摸我的雙腿，檢查看看我是否像那樣變成一具屍體。時鐘指著兩點，我坐起身來。我深觀那具屍體和我自己的身體。大概坐了一個小時左右，我感覺像是水從山間傾瀉而下——沖啊沖！最後我起身並寫下一首詩。我將這首詩稱作〈大獅子吼〉（The Great Lion's Roar）。感受是那樣地明晰，意象肆意自如地流漫；靈思汩汩湧出，就如大水箱被打翻一樣。這首詩的開頭如下：

一朵白雲飄浮在天空
一束花兒盛開
飄浮的雲朵
盛開的花兒
雲在飄
花在開

我看得很真切，如果雲朵不在飄浮，它就不是雲朵；如果花兒不盛開，它就不是花。沒有開花，就沒有花朵。我們無法將兩者分開。你不能將心識從身體拿出來，也無法將身體從心識中取出。兩者相即。我們在盛開間看到了花朵，我們在行動的能量中看到了人類。沒有行動的能量，就沒有人類的存在。如法國存在主義哲學家沙特（Jean-Paul Satre）的名句：「人是他的行動之總和。」我們是我們所思所言與所作所為的總和。一棵橙樹生出美麗的花朵、葉子和果實，我們也生出思考、言說和行動。如同橙樹一般，我們的行動總是隨著時間日漸成熟。我們只可以在我們的身體行動、言說和心識中發現自己，持續不斷猶如穿越時空的能量。

不在舍利塔

十幾年前，我的一位弟子在越南有座舍利塔（一種佛教的神祠），是為了裝納我的骨灰所建。我告訴她我不需要一座舍利塔來裝納我的骨灰，我不想要被困在舍利塔中，我想要無所不在。

「但是，」她抗議說：「已經建好了。」

「如果是那樣的話，」我說：「妳得在塔前置一條碑文，說明：『我不在此。』這是真的，我將不會在那舍利塔中，即使我的身體火化了，骨灰安置在那裡，那都不是我。我不會在那裡。外面的世界如此美麗，我為什麼會想待在那裡呢？」

為了以防某些人有所誤解，我告訴她，他們或許需要再加上另一條碑文：「我也不在外。」人們不會在舍利塔的裡面或外面找到我。他們可能還是會誤解，因此或許還需要第三條碑文，寫道：「如果可以在任何地方找到我，那便是在你平和的呼吸和行走間。」那是我的延續。即使我們未曾親身相遇，當你吸氣時，假如你在呼吸間找到平靜，我就在那兒，與你一起。

我經常講述聖經《路加福音》中的一個故事，那是關於兩個門徒在耶穌死後前往以馬忤斯（Emmaus）。途中他們遇到一個人，便和他談話並與他同行。一段時間後，他們在客棧落腳用餐。兩位門徒觀察那個人擘開麵包和倒酒的方式，認出了耶穌。

這個故事告訴我們，即使耶穌也不僅存在他有形的身體中。他活著的實相延續著，遠超過他有形的身體。耶穌完全地臨在，活在擘開麵包的方式中，也活在倒酒的方式中。那是活著的基督。這就是為什麼他會說：「無論在哪裡，有兩三個人奉我的名聚會，那裡就有我在他們中間。」不僅耶穌或佛陀或任何其他偉大的精神導師，在他們死後仍與我們同在；我們所有人皆如能量一般，在有形的身體改變形式許久以後，依然持續存在。

你所愛的人不是一個自我

當我們向佛陀頂禮或向耶穌基督鞠躬，難道我們是在向活在兩千五百年前的佛陀或活在兩千年前的耶穌致意嗎？我們是在向一個自我彎腰致敬嗎？我們已經知道佛陀和耶穌是和我們一樣的人類。所有人類都是由身體（色）、感受（受）、認知（想）、心念（行）和心識（識）這五條持續變化、持續流動之河所組成。你、我、耶穌基督和佛陀——我們都在持續地變化。

若說今日的耶穌與他在兩千年前是完全相同的，是錯誤的，因為即使在他三十年的生命中，他也從不是完全相同的。他每月、每年都在變化。佛陀也是如此。佛陀三十歲時和四十歲時不同；八十歲時又不一樣了。他就像我們所有人，不斷發展進化和改變。因此，我們想要哪一個佛陀呢？八十歲那位或者四十歲那位？我們可能以某種面容或某種身體模樣來觀想佛陀，但是我們知道身體是無常且持續變化的。或者我們可能覺得佛陀不復存在，抑或過去的耶穌基督已不在此處。但那也是錯誤的，因為我們知道沒有任何事物會消失。

佛陀不是一個單獨的自我；他是他的行動。他的行動是什麼？他的行動是在造福所有眾生修習自由和醒覺，而且這些行動還持續著。佛陀依舊在這兒，不過並非以我們通常所想像的樣貌。

我們每個人都可以將與佛陀的直接接觸當作一種行動。當我們能夠快樂地漫步在地球上，發現生命的不可思議，不論是美麗的鳥兒、樹木和藍天，並且感到快樂、平靜和安適自在，那麼我們自己就是佛陀的延續。佛陀並不是在我們之外的某種東西，他是在我們之內的一種能量。活的佛陀每天都在演化和成長，以新的樣貌顯現。

你在天堂時是幾歲？

一九七〇年代，我們的佛教徒和平代表團在巴黎的辦公室裡，有一位英國婦女自願協助我們的工作。雖然她已年逾七十了，但是身體非常健康，每天早上都會爬五層樓的樓梯上到我們的辦公室。她是信仰堅定的英國國教徒。她堅信死後將上天堂，而且她會在那裡與她善良且英俊的丈夫重聚；她丈夫三十三歲就過世了。

有天我問她：「妳死後上天堂與丈夫相遇時，他會是三十三歲或七十歲，或者八十歲呢？妳的年紀又會是多大呢？妳會覺得很奇怪，七十幾歲的妳遇見三十三歲的他。」有時候我們的信仰是非常簡單的。

她感到困惑，因為她從未問過自己那樣的問題。她只是想當然地認為他們會再相遇。以相即的智慧，也就是我們和其他人以及所有的生命彼此相繫，我們不需要等到上天堂才能再次和心愛的人相遇。此時此地他們就與我們在一起。

什麼也沒有消失

有人相信有一個永恆的自我在身體瓦解後會繼續存在。我們可以將這樣的信仰稱為一種「永恆論」（eternalism，即「常見」）。有些人相信死後就什麼都沒有了。這是一種「虛無主義」（nihilism，即「斷見」）。我們必須避免這種極端。無常和相即的智慧告訴我們，不可能有一個永恆、單獨的自我，而且熱力學第一定律「能量守恆定律」告訴我們，沒有任何事物可以被創造或毀滅；事物僅能被轉變。因此相信我們的身體分解後我們就歸於無，是不科學的。

當我們活著時，我們的身體是能量；而死後，我們繼續是能量。能量是持續起變化和轉化的。能量從不會消失。

我們不能主張說死後什麼都沒有。有不能變為無。

失去親密的人會讓我們感到痛心，而專注於空性和無相可以幫助我們深刻地諦觀，看到他們仍繼續存在的諸種樣貌。我們所愛的人依舊活在我們之內和我們周遭。他們是相當真實的。我們並未失去他們。我們有可能在不同的樣態，甚或在比過去還美麗的形貌中，辨識出他們。

根據空性與相即，我們知道他們並沒有死去或不見；他們在他們的行動中延續，也在我們之中延續。我們依舊能和他們說話。我們可以像這樣說：「我知道你在那兒，我為你呼吸，我為你微笑，我和你的眼眸一起享受環顧四周，我和你一起享受生命，我知道你還在那兒，與我非常靠近，而且現在你繼續在我之中。」

生命力

如果我們的行動背後沒有主人、沒有所有者、沒有行動者，思考的背後沒有思考者，那為什麼我們會有自我的感覺呢？就佛教心理學而言，我們的心識具有創造自我感的傾向，梵文稱作 *manas*（末那識）★。末那識相當於佛洛伊德（Sigmund Freud）在精神分析中所說的「本我」。末那識由我們的意識深處顯現，是我們的生存本能，總是驅策著我們避開痛苦和尋求歡愉。末那識持續說著：「這是我；這是我的身體；這是我的。」末那識無法清楚地感知實相。末那識試著守護和保衛那個它誤認為是自我的東西。這對我們的生存而言未必總是好的。末那識無法明白我們是由非我的成分所組成，也不明白它視為自我的東西事實上並非一個單獨的實體。末那識看不出來自我的錯誤知見會帶給我們很多苦痛，讓我們無法自在快樂地過生活。而深觀我們的身體和環境之間的連結，就能夠幫助末那識轉化妄想，看到真實。

★譯按：即「我識」或「意」。

我們不需要抹消末那識；末那識是生命一個自然的面向。末那識之所以稱這具身體為「我」和「我的」，是因為它的角色就是維持我們的生命力。這個生命力就是二十世紀法國哲學家柏格森（Henri Bergson）稱作*élan vital*（生命力）的東西。跟所有的物種一樣，我們具有生存的意志，還有保護自己的生命和使自身免於危險的強烈欲望。但是我們必須留心，不要讓自我保存與自我防衛的本能誤導我們陷入有個單獨自我的想法。相即和無我的智慧可以幫助我們運用我們的生命力——佛洛伊德稱之為昇華（sublimation）——採取行動幫助和守護他人，寬恕與和解，以及幫助和守護地球。

我記得有一次我不經意在道場的一個角落遺留下一塊生薑。之後某一天，我發現它已經冒出芽了。生薑的塊莖可以長成薑的植株。生命在塊莖裡。馬鈴薯也是如此長成。每件事物都有這種想要前進和延續的生命力，這是極為自然的。每件事物都想要活下去。於是我將這塊生薑安置盆中，添些泥土，讓它生長。

當一位女性懷了身孕，便有生命力驅使小孩生長發育。母親和胎兒的生命力既非相同，亦非不同。母親的生命力進入孩子裡，孩子的生命力也進入母親。他們是一體的，接著一點一點地分開。但是有時候我們會認為，當小孩出生後，他就是個單獨的自我，他的身體、感受、認知、心念和心識都不同於他母親。我們可能覺得可以區分孩子和母親，但事實是他們依然保持一種延續的關係。看著小孩，我們看到了母親；看著母親，我們也看到了小孩。

練習：母親的手

記得你還是小男孩或小女孩時，生病發燒的那些時刻嗎？記得身體如此不舒服的感覺是多麼可怕嗎？不過話說回來，你的母親或父親，或者可能是祖父母，會把手放在你熱燙的前額，那種感覺多麼美妙啊！你可以感受到他們手中愛的甘露，那足以安撫你，讓你的情緒穩定下來。僅僅是知道他們在那裡，在你的身邊，就可以緩和你的苦痛。假如你不再住在母親身邊，抑或你的母親不再以一般身體的樣貌存在，你必須深刻地諦觀才能明白事實上她總是和你在一起。你的每一個身體細胞中都包含著你的母親。她的手仍在你的手中。倘若你的雙親已經往生，而你修習這樣的深刻諦觀，那麼相較於那些雙親健在但親子溝通不良的人，你與父母的關係會更為親密。

現在你可能想要花點時間看著你的手。你能在你的手中看到你母親的手嗎？抑或你父親的手？深刻諦觀你的手。以這樣的智慧，以及雙親的慈愛與關懷，將你的手放在你的前額上，感受母親或父親的手碰觸你的額頭。讓你自己受到你身上的雙親所照料。他們總是與你同在。

衆生

我們經常會將生命形態區分為有生命的和無生命的。但是根據觀察，即便在我們稱為無生命的事物中都有生命力的存在。生命力和意識存在生薑的塊莖或橡實中。生薑知道如何長成一棵植株，橡實也知道如何長成橡樹。我們不能說這些事物是無生命的，因為它們知道要做什麼。甚至一個次原子粒子或沙塵微粒都具有生命力。在生命和無生命之間，在活性物質和非活性物質之間，沒有絕對的界線。所謂的非活性物質也有生命，而活性物質也是依賴所謂的非活性物質。如果我們將所謂非活性物質的成分從你我身上拿掉，我們就無法存活。我們是由非人的成分組成。這是《金剛經》的教導，這部古老的佛教經典可以被視為是世界第一部關於深層生態學（deep ecology）的論述。我們無法硬是劃分人類和其他眾生，抑或活著的東西與非活性物質。

萬事萬物皆有生命力。
整個宇宙因生命力而耀眼燦爛。

如果我們把地球僅僅視為坐落在我們之外的一大塊物質，那麼我們尚未真確認識地球。我們必須理解我們是地球的一分子，整個地球就在我們之中。地球充滿活力；它具有智能和創造力。如果地球是非活性物質，就無法生出無數的偉大人物，包括佛陀、耶穌基督、穆罕默德和摩西。地球是我們的母親，也是我們雙親的母親。以無分別的眼去看，我們就能夠與地球建立親密的關係。要用我們的心去看地球，不要用那冷冰的推理之眼。你是這個星球，這個星球就是你。這個星球不幸福，你的身體就無法幸福。這就是為什麼要守護身體的幸福，就必須守護這個星球的幸福。此即空性的智慧。

你是佛陀的知己嗎？

在佛陀的時代，有無數的宗教和靈性導師，每一個都倡導不同的靈性之路和修習方法。每一個都宣稱他們的教義是最好且最正確的。一天，有一群年輕人前來請教佛陀：「在所有這些導師之中，我們應該要相信誰呢？」

「不要相信任何事，甚至連我告訴你的也不要相信。」佛陀回答。「即使那是古代的教法，即使那是一位備受崇敬的老師所教導，你都應該運用你的悟性和批判的心，謹慎檢視你所看到或聽到的每件事。然後將教法付諸實踐，看看它是否有助你解脫苦惱和困厄。如果有，你就能相信它。」如果我們想成為佛陀的知己，我們就需要像這樣的明辨與批判之心。

如果我們不容許我們的信仰演化迭代，如果我們不保持一顆開放的心，有可能某一天醒來會發現我們對自己曾經信仰過的東西已經失去了信念。這會是極具毀滅性的。身為禪修者，我們不應該基於盲目的信念而接受任何事物，並視其為絕對的、不變的真理。我們應該以正念和專注來探究和觀察實相，讓我們的理解和信念一天天深化。這是我們不能喪失的信念，因為它不是基於觀念或信仰，而是基於親證的實相。

有輪迴轉世嗎？

我們許多人都在抗拒人終將一死的想法，同時我們又想要知道當我們死去會發生什麼事。有些人相信死後會上天堂，在那裡過著幸福快樂的日子。對有些人來說，生命似乎太過短暫，他們想要再有一次機會，希望下一次能做得更好。這是為什麼輪迴轉世的想法似乎頗吸引人。我們希望犯下暴行的人在下一世將會被繩之以法，為他們的罪行付出代價。抑或我們可能害怕虛無，害怕被遺忘，害怕不復存在。因此當我們的身體開始老化和衰退，認為我們「有可能再以一具年輕且健康的身體重新開始」這樣的想法很誘人，就像丟棄破舊的衣服一樣。

輪迴轉世的想法暗示有一個單獨的靈魂、自我或靈體，不曉得什麼緣故在死時離開身體、飛走了，然後又轉世至另一個身體。就好像身體是心識、靈魂或靈體的居所。這意味著心識和身體可以區分開來，而且雖然身體是短暫的，心識和靈體則是永恆的。無論如何，這些觀念皆不符合佛教最深的教法。

我們可以論及兩種佛教：民間信仰的佛教（popular Buddhism）和深刻修行的佛教（deep Buddhism）。不同的聽眾需要不同的教法，因此為了切合聽眾所需，教法總是應作調整。這也是為什麼有數千個不同的入門教法，讓各式各樣的人都可以受惠，體會到轉化與解脫。在民間信仰的佛教文化中，據說有無數的地獄領域，人死後會落入那裡。很多寺廟都陳列了逼真的圖畫，描繪在地獄中可能會遇到什麼事。例如，如果我們在這一世說謊，在地獄裡將會被割掉舌頭。這是一種「方便法門」，激勵人們以更道德的方式過生活。這樣的方法可以幫助某些人，但可能幫不了另一些人。

雖然這些教法不符合勝義諦，但是許多人從中受益。然而，以慈悲、方便和智慧，我們可以幫助彼此逐漸鬆開現有的知見，深化我們的理解。如果我們想要開拓看待生死及死後會發生什麼的新途徑，我們需要放下現有的知見，讓更深的理解能夠出現。如果我們想攀爬梯子，要往上一階就必須放開眼前這一階的橫木。緊抓著現在所持的想法，就無法有所進展。

一開始，我對正念、禪修和佛教有一定的見解。經過十年的修習之後，我有了更好的認識。再過四、五十年之後，我的洞見和領會變得更加深刻。我們都在解脫道上，我們都在往前進，沿途上我們需要隨時準備好放棄現有的觀點，如此才能對新的、更好的、更深刻的知見保持開放的態度；這樣的知見會領引我們更接近真理，更有助於轉化我們的苦痛、增進我們的幸福。

無論我們抱持怎樣的識見，我們都應當謹慎小心，不要認為我們的識見是「最好的」，也不要認為只有我們握有真理。佛教的精神是相當寬容的。我們應當對那些和我們持不同觀點與信仰的人們敞開心胸。練習對各種見解敞開心胸和不執著，對佛法來說是非常重要的。這正是為什麼即便佛教有數十個門派，但是佛教徒從來不向彼此宣戰。

佛陀教法的精華

古印度的靈修脈絡對佛陀的教法有強大的影響。佛教是由非佛教的成分組成，就像一朵花是由非花的成分構成。在西方，佛教經常和輪迴轉世、業力、果報的觀念連在一起，但是這些觀念本來不是佛教的概念。在佛陀開始傳法時，早已有這樣的觀念存在。事實上，這些觀念根本不是佛陀的核心教法。

在古印度，輪迴轉世、業力、果報皆是基於有個單獨的自我存在。人們相信有個永恆的自我會輪迴轉世，並且接受這一生所作所為的業報。但是當佛陀教授輪迴轉世、業力和果報時，他的開示是根據無我、無常和涅槃（我們不生不死的真實本性）。他教導我們不需要為了讓業（身語意所做出的行動）能繼續，而有一個單獨、不變的自我存在。

根據佛陀對於無我、無常和相即的核心教法，心並非一個單獨的存有物。心無法離開身體到別的地方去輪迴轉世。假如心或靈可以從身體取出，靈將不復存在。身和心彼此依靠才能存在。無論身體發生什麼，都會影響心；無論心發生什麼，也會對身體產生影響。心識依賴身體而顯現。我們的感受需要一具身體以便被感受。沒有身軀，我們如何能夠感受呢？但是這並不表示當身體死去，我們就消失不見了。我們的身體和心是能量的源泉，當能量不再以身和心的形式顯現，就會以其他的形式出現：我們身語意的行動。

我們不需要一個永恆的、單獨的自我以便收割行動的結果。你和去年的你是同一個人，抑或不同的人呢？甚至在這一生，我們都不能說去年播種的那個人和今年收成的人完全相同。

可惜的是，許多佛教徒仍然堅持有個單一的自我，以便他們理解關於輪迴轉世、業力和果報的教義。但這是一種相當稀釋的佛法，遺落了佛陀教法的精髓；這精髓論及非我、無常和無生亦無死的真實本性。任何教義若無法反映出這些洞見，即非佛法奧義。三解脫門——空、無相、無願——體現了佛陀教法的精華。

在佛法中，如果你理解相即、無常和無我的實相，你會以相當不同的方式理解輪迴轉世。你明白沒有單獨的自我，再生也是可能的；沒有單獨的自我，業力也是可能的；沒有單獨的自我，果報也是可能的。

我們每時每刻都在死去和再生。這個生命的顯現為另一個生命的顯現所取代。

我們在我們的小孩、我們的學生、
每一個我們所接觸的人的生命中延續著。

相較於「輪迴轉世」，「再生」（rebirth）是更好的描述。當一朵雲變成了雨，我們不能說雲在雨中輪迴轉世了。「延續」、「轉化」、「顯現」全都是好的用詞，不過也許最好的用詞是「顯現」。雨是雲的顯現。我們身語意的行動是一種能量，我們總是能將這種能量傳遞下去。那股能量會以不同的形式，一次又一次地顯現它自身。

曾經有個小孩子問我：「死掉是什麼感覺？」這是一個很好、很深刻的提問。

我舉了雲朵的例子向她解釋出生、死亡和延續。我解釋說一朵雲從不會死去，它只會變成別的東西，像是雨或雪或冰雹。當你是一朵雲，你會感覺像朵雲。當你變成了雨，你會感覺像是雨。當你成了雪，你就會感覺像是雪。一再顯現，多麼美妙。

第二章

無相：雲未逝

為了使生命成為可能，死亡是必要的。
死亡是轉化。死亡是延續。

假設我們抬頭仰望天空，看到一朵美麗的雲。我們心想：「啊，可愛的雲朵。」一會兒之後我們又仰頭看，天空清澈蔚藍，我們心想：「啊，那朵雲已經消失了。」這一刻事物似乎存在，下一刻就消失不見了。我們以這樣的方式看待事物，因為我們很容易會落入形相、外觀及熟悉的形貌中，而這會讓我們無法看清實相的真實本性。

當我們在現象界看見我們可以辨識的東西，好比一朵雲，我們說它在那裡，它存在。當我不再看得到它，我們說它不在那兒，它不存在了。但基本的事實是，它依舊存在，即使它的外觀已經改變。這就是所謂的無相觀（meditation on signlessness）。

我們是否可以領會生死的真實本性，克服恐懼、悲憂、憤怒和哀傷，取決於我們是否能夠以無相之眼看待事物。如果我們知道如何以無相之眼觀看，要回答「當我們死去會發生什麼事？」這個問題就一點也不難。

無相：第二解脫門

相就是外在的狀態，事物的形貌。如果我們基於形相來辨識各種事物，可能會認為這朵雲不同於那朵雲，橡樹不是橡實，小孩不是父母。在世俗諦的層面，這些區分是有幫助的。但是它們會使我們無法看清生命的真實本性；生命的真實本性是超越形相的。佛陀說：「凡所有相，皆是虛妄。」以相即的智慧，我們就能看清在這朵雲和那朵雲之間、橡實和橡樹之間、大人和小孩之間，有著深刻的連結。

稍早在天空中的雲朵看起來消失了。不過如果我們深入諦觀，就能明瞭構成雲的相同成分現在已經變成了雨、霧，甚或雪。雲的真實本性 H_2O 依然在那兒，以新的樣貌存在。H_2O 不可能從有變成無。雖然我們不再看得到它，但是雲並未死去。也許它化為雨，然後變成水從水龍頭流出來，流進我的茶壺，盛滿我的茶杯。昨日在天空中的雲並未消失，它已成了茶。它並未逝去，它只是在玩捉迷藏。

你也總是在改變形貌。你瀏覽家庭相簿，發現一張自己幼時的照片，那個小孩而今安在？你知道那是你。你有相同的名字，可是那個孩童看起來不像你。你還是那個小孩嗎？抑或你是其他人？這是深觀自身無相的練習。今日的你，看的、說的、做的和思考的都不同。你的受想行識也都大不相同。你不是固定不變或恆常的。因此你不是相同的人，但也不是完全不同的人。當你不再困於某個形象或外觀，就能將事物看得更清楚。你可以看到那個小孩仍活在你身體的每一個細胞裡。你可以在任何時刻傾聽與照料那個小男孩或小女孩。你可以邀請那個小孩和你一起呼吸，和你一起走路，和你一起徜徉大自然。

你的生日

此時此刻我們所有人都在死去。有些人死去得較為緩慢，有些人較快。如果我們現在可以活著，那是因為我們每一刻都在死去。我們或許會認為是其他人正在死去，不是我們自己。但我們不該被外觀給蒙蔽了。

關於生與死的真理有兩個層面。在世俗真理的層面，我們可以說有生有死，有始有終，有創造有毀滅。例如，我們可以在月曆上載明某人出生和某人去世的日期。我們多數人在出生時都會拿到一張出生證明，沒有這份證明就很難辦護照或註冊上學。當我們死去時，死亡證明上也會標明死亡日期和時間。就此意義來說，出生和死亡是真實的。它們是重要的。它們是有用的概念。但它們不是完整的真理。

更深入地諦觀，你可以明白出生時刻並非真的是誕生時刻。那僅是延續的一刻。在那之前，你已經存在。你在母親的子宮裡待了八或九個月。你在什麼時刻變成了你？有些人可能會說，應當將出生日期移至受胎的日子。不過這也不完全正確。早在你受胎那一刻以前，組成你的成分已經存在精子和卵子中，精卵聚合幫助你顯現。當你母親懷孕時，你已存在所有支持和滋養她的條件下。而在那之前許久，你也已經存在你的祖父母中。事實上，你能繼續將出生日期無止盡地往前推。沒有你不存在的時刻。這是為什麼在禪宗傳統，我們會問：「在你祖母出生前，你看起來像什麼？」

你稱作生日的那個日子，其實是要你記住你的延續。活著的每一天都是一個延續日。在你的身體內，誕生和死亡總是在發生。我們在生命中的每一時刻進入存在，也走出存在。當你抓癢和擦洗自己，乾枯的皮層剝落，新的皮膚細胞生成。在你閱讀這個段落的時間裡，數千個細胞已死去。但是死去的太多太多了，你沒有時間與它們一一道別。同時間裡數千個新細胞生出來，你也不可能逐一慶祝。

你每天都在轉化。
你的某一部分正在誕生，而某一部分正在死去。

生與死之間有一道親密的連結。沒有生，就不可能有死。就如福音書所說，除非種子死了，否則不可能結成果實。

我們傾向把死亡視為是非常負面、黑暗和痛苦的。但它不是那樣。要讓生命成為可能，死亡是必要的。死亡是轉化，死亡是延續。當我們死去，別的事物就會誕生，儘管需要時間它才能顯現，或者我們才能夠看得出來。瀕死的時刻可能會有一些痛苦，正如出生的那一刻也會有痛苦，或者像春天來臨時第一個芽苞迸裂而綻開。然而，一旦我們知道死亡必然伴隨著新生，我們就能夠承受痛苦。我們需要深入諦觀，看見事物死去時所展現的新生命。

捉迷藏

在我們法國的禪修中心有一叢貼梗海棠，是日本產的灌木，通常在春天開花。有一年冬天很溫暖，花苞來早了。但是到了夜晚，一道寒流來襲，也帶來霜凍。隔天我在行禪的時候，注意到灌木叢上所有花苞都死了。目睹此景令人非常難過，那些花兒甚至還沒見到白晝的亮光就死了。

幾個星期之後天氣再度回暖，在行禪的途中，我看見新生的花苞長在灌木間，如此美麗、青春且清新。我感到欣喜，於是我問它們：「你們和死於霜凍的那些花苞是相同的嗎？還是不同呢？」花兒答道：「我們既非相同，亦非不同。當條件具足，我們顯現；當條件不具足，我們就藏起來。」

我母親生下我之前，曾懷了另一個男寶寶，但是流產了。我年少時經常感到疑惑：「那個男寶寶是我哥哥，或者是想要顯現的我呢？」如果胎兒流掉了，表示對他們來說條件不具足而無法顯現，孩子決定退回去，等待較佳的條件出現。「我最好退回去。我最親愛的，我很快會再回來。」我們必須尊重他們的意願。如果你像這樣觀看世界，就比較不會受苦。他是我的哥哥嗎？或者也許是我原本打算出來，後來認為「還不是時候」，因此撤退了。

空性和無相的智慧可以幫助我們解脫悲傷。小寶寶沒有單獨的自我，他是由母親、父親和太多其他的因緣所構成。當這些成分再次聚合，下一個寶寶既非完全相同，亦非完全不同。沒有任何東西失去。

你的壽命是永無止盡的

我們說的「出生日期」或「死亡日期」只是一種概念。說人有「壽命」也是一個概念。這些標籤和記號是約定俗成的說法，在世俗諦的層面是有用的，但是它們並非勝義諦。它們不是實相。如果我們對死亡感到害怕或憤怒或悲傷，那是因為我們還困在錯誤的生死概念裡。我們以為死亡意味著從有到無。但如果我們明白存在的方式不斷改變，我們就會明白沒有任何事物會消失，那麼我們就不會再感到如此憤怒或害怕。

當一朵雲變成了雨，我們可能會說那朵雲已經逝去。不過如果我們理解雲的真實本性是H_2O，我們就知道它根本沒逝去。它變成了雨。我們若想要看清雲的真實本性，必須讓自己不受「雲」這個形相所束縛。雲正在逝去的同時，雨正在誕生。如果雲沒有死去，雨如何能誕生？然而，雲不需要等到最終那一刻才能看見雨的誕生。如同我們一般，雲每一刻都在死去。

假設你燒了一壺熱水。當水逐漸滾了，蒸氣已經開始形成。而當溫度升到攝氏一百度，形態的轉化更加迅速，更多的水變成水蒸氣。蒸發是水的死亡和水蒸氣的誕生，之後蒸氣將化成天空的雲朵。我們也是如此。有時是緩慢的轉化，有時則是驟變。

我們不需要等到生命之水接近沸騰才明瞭這個道理，屆時可能就太晚了。我們現在就該努力，在我們還活在這世上的時候去理解活著和死亡，以便解脫焦慮、恐懼和悲傷。不論死得快慢，都沒有差別。抱持這樣的智慧，我們的生命品質會更加豐盛，能夠欣賞生命的每一片刻。抱持這樣的洞見深刻地過一天，比不知其然過一千天還值得。

生命的品質才是重要的，
而不是我們活了多久。

活的或死的？

當我們看著一棵橡樹，要想像它如何從橡實中長出來可能不容易。那顆橡實依舊活著嗎？如果是，為什麼我們無法看到它？或者橡實不存在了？如果它死了，那怎麼會有一棵橡樹呢？

無相的教法有助我們打破分門別類的傾向。我們往往會將生命分為四個類別：

——它是活的？

——它是死的？

——它還在存在界（the realm of being）？換句話說，它還存在？

——它已經進入非存在界？它不再存在？

事實是，我們無法將實相歸類到「存在」或「不存在」的範疇。一旦我們認識了勝義諦，我們就了解區分「活的」和「死的」並不適合，無論對一朵雲、一顆橡實、一個電子、一顆星星、我們自己或我們所愛的人皆然。

我們需要放下自我或人不同於其他眾生的概念，也需要拋開壽命的標記和形相。你的壽命並不侷限於七十、八十或一百年，這是個好消息。你的身體不是你的自我，你遠遠超過這具軀體。你是沒有界限的生命。

你遠遠超過這具軀體

現在你可能已經明瞭我們不侷限在有形的身體，即便是我們還活在這世上的時候。我們與我們的祖先、子嗣，以及整個宇宙相互依存。沒有單獨的自我，我們從未真的誕生，也從未真的死去。我們和所有生命息息相關，而且我們總是在轉變。

佛教傳統發展出許多法門去觀想生命的無界限。其中之一是觀想我們有很多其他的「身」，就如同我們擁有人類的身體一般。有些傳統說我們有三身；有些則說有五或七身。深入諦觀，領會空性、無相與相即，我們就可以識別出至少八種不同的身。當我們能夠辨識和體驗所有的身，就能生活得更加完滿，無懼地面對有形身體的衰解。

「身」這個字在這裡僅表示能量的集合——能量身。現代科學告訴我們，我們所知覺的每樣事物都是能量。我們能夠以感官看到或察覺某些種類的能量，有些則只能藉由專門的儀器設備才能偵測到。也可能還有各式各樣我們尚且不知道如何測量的能量。即便如此，我們能夠感覺或知覺到它們。

我們與我們的八身密切相關。我們能夠好好照料它們，而當我們需要它們時，它們會是我們強力的後盾，它們也包含了我們希望能延續的特質。

我的一位弟子說：「如果我有八身，那麼我得洗八次澡，每次洗一身。」但是當我們明白所有八身彼此相關，我們就知道僅需要一次正念地洗澡，還可以節省許多水。

擁有這麼多的身是不可思議的。但別完全聽我的。為你自己去探究與觀察。

第一身：人身

多虧了我們的身體，我們能感覺、能療癒、能轉變。我們可以在各種身體的奇蹟中體驗生命。我們可以伸出手照顧所愛的人。我們可以與家人和解。我們能夠為他人大膽發聲。我們可以看到美麗的事物。我們能夠聽到鳥兒鳴唱及漲潮聲。我們可以為了讓世界變成一個更健康、更和平、更慈悲的住所而行動。因為我們的身體，所有事都是可能的。

然而很多時候，許多人完全忘了我們有一具身體。我們的身體在那裡，但是我們的心在別處，沒有和身體在一起。我們的心和身體疏遠了；它和我們的計畫、擔憂、恐懼在一起。我們打電腦打了好幾個小時，徹底忘記我們的身體，直到身體某個部位開始感到疼痛。但如果我們忘記自己有具身體，如何能夠說我們有好好地過生活呢？如果我們的心沒有和身體在一起，我們無法說我們完全臨在。我們無法說我們真正地活著。

正念地呼吸，僅僅享受你的吸氣和呼氣。

你將心帶回身體這個家，

你體悟你是活著的，依然活著，

而這是一個奇蹟。

活著就是最偉大的奇蹟。

大多數的人都需要學習如何照顧我們有形的身體。我們需要學習如何放鬆和安眠。我們需要學習如何飲食和消費，讓我們的身體健康、輕盈和輕鬆自在。如果我們仔細聆聽，就能聽見身體時時刻刻都在告訴我們它需要什麼與不需要什麼。雖然它的聲音清晰，但我們似乎已經喪失了聆聽它的能力。我們把身體逼得太緊，壓力和疼痛不斷累積。我們疏於照顧自己的身體太久了，它可能很寂寞。我們的身體具有智慧，而我們需要給自己一個聆聽它的機會。

此時此刻，你可能想要暫停下來，與你的身體重建連結。覺知你的呼吸，接受和承認你整個身體的存在。你可能想要對自己說：「我親愛的身體，我知道你在這裡。」回到身體這個家，會讓壓力慢慢鬆開。這是和解的行動。也是一種愛的行動。

我們的身體是宇宙的傑作。我們的身體裡載著星星、月亮、天地萬物和所有先祖的臨在。耗時千百萬年的演化，才誕生出這些令人驚奇的雙眼、雙腿、雙腳和雙手。數不盡的生命形式此刻正支持著我們的存在。只消片刻的時間，停下手邊的事，帶著覺知呼吸，就能重新和身體連結。每個人都有時間這麼做，卻不願去做。我們害怕死時身體會發生什麼事，可是在我們活著的時候卻沒有真正享受這個身體，實在很奇怪。

我們必須學習好好過生活。
我們需要深刻體驗每一次呼吸，

才能在呼吸間享受安詳、喜悅和自由。

當我們明白有形的身體是生命不可思議的奇蹟，是宇宙的禮物，這便是智慧的靈光乍現。一旦我們有了這樣的智慧，必須持續下去，否則煩亂不寧和焦慮不安將會占據我們的心，而我們將會遺忘這樣的智慧。我們將不再珍惜活著這個奇蹟。因此我們需要時時刻刻保持和滋養這樣的智慧。這麼做需要專注，不過並不難做到。在我們行走的時候，在我們工作的時候，在我們吃東西的時候，將覺知帶回我們的身體，享受身體的姿態和移動的感覺，以及活著的奇蹟。

但千萬不要陷入我們的身體是我們的自我這樣的想法。我們的身體是由非身體的成分組成，包括土地、水、火、風四大元素。深觀這些元素，我們可以看到身體的裡外有深切的連結。我們無法在它們中間劃出一道界線。我們之內與之外的四大元素是一體的，不斷進進出出。此時此刻我們正接收和釋出水、溫度及呼吸；我們身體無數的細胞和原子受到大地的滋養並回返大地。當我們生病或瀕死時，這樣的深觀非常有幫助。我們不僅在身體分解後回歸大地。我們每一刻都在回歸大地，每一刻也都為大地所復甦。

第二身：佛身

擁有人身代表你也具有佛身（Buddha body）。「佛陀」這個詞代表醒覺且為其他眾生的覺醒而努力的人。「佛身」只是一個簡稱，形容我們具有醒覺和完全臨在的潛能，能夠充滿智慧、慈悲和愛。你不需要知道或使用「佛陀」這個詞才能具有佛身。你不必信仰任何事物，甚至也不必信仰佛陀。佛陀釋迦牟尼不是一尊神，他是具有人身的人類，他以充滿智慧、慈悲和愛的方式過生活，使他的佛身能夠成長。

每個人都能成佛。這是一個好消息。所有人都有正念、愛、智慧和慈悲的種子，這些好的種子是否有機會成長，端視我們的環境和經驗。別懷疑你具有佛身。你有領悟、寬恕和愛的能力。這些是佛身的種子，你必須給在你之內的佛一個機會。

你並不需要特別費力好讓在你之內的佛成長。如果你認識到大自然的美麗，你就已經是佛。如果你知道如何維持全時醒覺，你就是全時的佛。

成佛不難，只要時時保持醒覺。我們都能夠保持正念地喝一杯茶，以及正念地呼吸、行走、洗澡和飲食。我們每個人都能夠保持正念地洗碗盤。我們都能夠懷抱慈悲心說話和傾聽。你愈是澆灌正念、專注、智慧和愛的種子，你的佛身就益加成長，你也會變得更快樂且更自在。無論我們如何謀生，不論是老師、藝術家、社工或是生意人，我們都能參與佛陀的工作，協助培育開悟和醒覺，帶給世界正向的改變。當我們能夠完全地臨在，認識生命的奇蹟，我們就有力量療癒和滋養我們自身，有足夠的能量去幫助他人不受苦。尚未醒覺的人無法幫助他人醒覺。非佛無法成就其他佛。

成佛，也就是醒覺，意味著對世界的苦難醒覺，以及找到帶來解脫和轉變的方法。這需要巨大的能量。而你強大的願力，你那愛的心，就是無窮盡的能量源泉，這個源泉能幫助你認識大自然的滋養和療癒之美，也明白這世間的苦難。它給予你去付出的能量。這是佛陀的志業。如果你身上有那個力量的源泉，如果你擁有愛的心，你就是行動中的佛陀。

第三身：修行身

修行身（spiritual practice body）從佛身而來。所謂修行，是知道如何生成幸福和處理憂苦的藝術，就像園丁知道如何利用泥巴以利蓮花生長。所謂修行，是幫助我們克服挑戰和困難。它是透過止與深觀以獲得更深刻的洞見的藝術。它是非常具體的。藉由在每日生活中培育醒覺和正念的種子，我們陶冶了我們的修行身，也可以稱作「法身」（Dharma body）。修行身愈堅實，我們就愈快樂，愈能夠幫助周遭的人離苦得樂。每個人的生活中都需要靈性的面向。

每個人都可以在每一天鍛鍊強大的修行身。每一次你跨出安穩的一步，抑或一次正念的呼吸，你的修行就會增長。每一次你保持正念地擁抱強烈的情緒，恢復清明和平靜，它就會增長。在困厄的時刻，修行身與你同在，就在你需要它的時候。在機場，在超市，在工作中，它都與你同在。

人們可以偷走你的電話、電腦或金錢，
但是他們無法偷走你的修行。
它總是在那兒守護和滋養你。

在佛陀的時代有一位名叫跋迦梨（Vaikali）的比丘，他曾經是佛陀的侍者。跋迦梨過於貪戀佛陀，當佛陀注意到這件事，便不再讓跋迦梨當他的侍者。對跋迦梨來說，這太痛苦了，他飽受折磨。他甚至企圖自殺。跋迦梨執著於佛陀的人身。但只要運用修習和教法，他就能夠成長和轉化，深化他對真愛的領悟。

有一天，佛陀暫駐王舍城（Rajagriha）這個西北印古代王國的首府時，得知跋迦梨病重快死了。此時佛陀自己也是死亡將至，但他還是走下鷲峰山（Vulture

Peak），前往陶匠屋探望跋迦梨。佛陀想要知道跋迦梨是否已經準備好無懼地捨離他的身體，因此佛陀對他說：「親愛的朋友，你有任何遺憾嗎？」

「沒有，親愛的導師，我沒有任何遺憾。」跋迦梨回答，「除了一點，我病得太重，無法上山去觀看你坐在鷲峰山上。」他顯然還有執著。

「跋迦梨，別這樣！」佛陀嘆道，「你已經有我的法身，不需要我的人身了！」我們從導師那裡學到的，遠比他們的肉身臨在更重要。我們的導師已經將他們所有智慧與經驗的果實傳遞給我們。佛陀想要告訴跋迦梨，他應該向內尋找導師，而非向外。我們的導師在那裡，就在我們之內。我們還想望什麼？

我那有形的身體可能無法維持太久，但是我知道我的修行身、我的法身足夠強大，可以持續很久的時間。它已經幫助我度過許多事情。若不是我的法身，若不是我的修行身，我絕無法克服生命中艱鉅的困厄、劇烈的悲慟和極度的絕望。我經受了戰爭和暴力，我的國家被分裂，我的社群和佛教僧團被拆散，我們遭遇了那麼多的歧視、憎恨和絕望。因為我的法身，我才能夠倖存下來。不僅倖存，而且克服了所有這些困頓，歷盡它們而成長與轉化。

我盡所能地將我曾經有過的每一個修行經驗傳遞給我的學生。我的法身是我必須給予他們的最好的禮物。它是集合所有精神修行和洞見的身體，帶給我療癒、轉化、幸福和自在。我相信我所有的朋友和學生都會接收到我的修行身，並且為了將來的世代持續滋養它。我們需要好好修行，繼續幫助我們的修行身成長，讓它更加適合我們的時代。

第四身：社群身

一九六六年我被逐出越南，因為我竟敢到西方呼籲和平。我感覺像一隻蜜蜂被趕出了它的蜂窩，或像一個細胞突然被抽出身體。我被切斷了與越南所有同僚和朋友的連繫，他們在沒有我的情況下，仍然盡其所能地繼續重要的社會工作和教育計畫。那是一段非常困難和痛苦的歲月。正念的修行幫助我療癒，而我也開始尋找在越南之外建立僧團的方法。

一年後，在我與金恩博士（Dr. Martin Luther King Jr.）最後一次碰面時，我們談到我建立僧團★的夢想。他稱之為「鍾愛僧團」（beloved community）。鍾愛僧團是一個共同體，人們分享相同的願力，也願意支持彼此實現那個願力。如果我們想要在靈性的道路上成長，就需要僧團和精神友伴（善知識）的支持和滋養。反過來，我們也支持和滋養他們，就像同一個身體裡的眾細胞。單靠我們自身而沒有僧團，我們無法做太多。我們需要志同道合的朋友和同事所組成的僧團，幫助我們實現最深的夢想。

> 我們可以把家庭、工作、學校、公司或醫院轉化成一個鍾愛僧團，
> 轉化成一個家，那裡有愛、理解與真正的溝通。

我們和一些有共同願力的同僚開始起步，逐步建立僧團。四個人就足夠，五個

人也很好，多於五人就太棒了。

鍾愛僧團的關鍵元素是愛、信任、喜悅、和諧，以及兄弟姊妹的情誼。當我們在相處和工作間生出了理解和慈悲，與我們互動的每個人立即就感受到能量，並能夠從中受惠。我們能夠創造出諦聽彼此的見解和難處的片刻，或享用茶點的輕鬆片刻，在那些片刻，我們不急不忙，為彼此完全地臨在。對很多人來說，我們的僧團是支持的來源和一個歸依處。我們用一生滋養著我們的僧團，而僧團將帶著我們一起邁向未來。

第五身：身外身

我們每個人都能夠同時臨在世界上的許多地方。我們能在這裡，同時也在監獄裡。我們能在這裡，也在遙遠的國度，而那裡的孩童正因營養不良而受苦。我們不需要和我們的肉身同時存在。當我寫一本書，我將自己轉化成數千個我，這數千個

★譯按：僧，是梵文sangha（僧伽）的音譯，意思是「合眾」，非專指出家人。

我能去許多地方。每一本書都變成我身之外的我身。

　　我能以書法的形式進入一個家庭，
　　我能以DVD的形式去到監獄。

　　我在西班牙的馬德里講授時，一位從南美洲來的女士告訴我，有家心理健康中心以擴音系統播放正念鐘聲。正念鐘聲是提醒我們停下來，將注意力回到自己身上的鐘聲。每當醫生、護士、病人聽到鐘聲，就會停下手邊的事，回到他們自己身上，放鬆並享受正念呼吸。他們也在電腦和電話裡設定了正念鐘聲。這位女士說，這麼做對所有醫療人員和患者都具有平靜身心與正向的影響。我經常建議可以在健康照護的環境裡創造止、靜與真正的臨在。我從未到過那家健康中心，我們的法師也未曾去過。我們沒有任何人到過那裡，他們卻如我們一樣修習正念鐘聲。我們的臨在、修習和行動是非地域性的。我們不僅是這具數十公斤的骨肉之軀。

在北美和英國很多的監獄裡，有受刑人修習行禪和靜坐。他們知道如何懷著悲憫之心呼吸、行走和說話。這些受刑人也是我。他們是我的身體，因為他們讀了我的書；他們修習他們所讀到的東西，他們延續了我。他們是我身之外的我身。

有位受刑人恰巧拿到《步入解脫》（*Stepping into Freedom*）這本書，那是我為了訓練沙彌和沙彌尼所寫的指導手冊。讀了之後，他想出家成為沙彌。他知道在獄裡不可能有人幫他剃度，於是他自己把頭剃光、傳戒給自己（正常情況下由師父傳授給弟子的戒律）。然後他像沙彌一樣在囚室裡修習。當我聽聞這類故事，我知道我無處不在，我的僧團身（community body）到處都在。我們的身體是非地域性的。那位修習正念行禪的囚徒是我們。我們的身體不僅在此地，也在彼處。我們處處臨在。

對父子或母女來說也是如此。當一位父親以無相之眼看著他的兒子，他看到他的兒子也是他自己。他是父親，也是兒子。當做父親的這樣觀看，他能看到他的身外之身。當孩子凝望著父親，他在父親身上看到自己，他看到他的身外之身。當我們凝望著我們的子孫，我們看到自己，也看到我們的身外之身。

第六身：延續身

終其一生我們都在產生能量。我們說了什麼又做了什麼，每個想法、每句話和每個動作都攜載著我們的名字。我們產生的念頭、言說、行動不斷影響這個世界，那是我們的延續身（continuation body）。我們的行動將我們帶至未來。我們像恆星，在滅絕之後數百萬年，光能依然穿越宇宙繼續放射。

當你生出一個憎恨、憤怒或絕望的念頭，它會傷害你，也會傷害這個世界。我們沒有人想要像這樣延續下去。我們都想生出慈悲、理解和愛的念頭。當你能夠生出慈悲和理解的想法，它會為你和世界帶來療癒和滋養。就好比酸性的雲會落下酸雨，憤怒、恐懼、責備、歧視的能量會給我們自己和其他人製造出有毒的環境。以智慧運用你的時間。每時每刻都有可能思考、言說或做出能夠激發希望、寬恕和慈悲的事情。你可以成就好事去守護和幫助別人與我們的世界。

我們必須修練正思維的藝術，才能夠產生正向且有益的念頭。如果你過去對某個人有負面的想法，現在做些努力不會太晚。當下這一刻包含著過去和未來。如果你能夠生出慈悲、愛和原諒的念頭，那麼正向的想法就有力量轉化昨日的負面念頭，許你一個更美好的明日。

我們每天都能夠修習生出慈悲的念頭。
思維已是行動。
每一個慈悲的念頭都負載著我們的名。
它是我們的延續。

話語也是能量，影響遠超乎我們的想像。我們必須學習溝通的藝術，如此一來我們的言說才能帶來愛、和解與理解。負面或不友善的話語嚐起來是苦澀的，富含理解和愛的話語則是美妙的。與讓我們生氣的人和解，說愛語，對雙方都具有療癒效果。我們立刻就會感到更輕鬆、更平和。試試看。修習正念呼吸、深呼吸，諦觀自身和其他人的苦惱。接著，打電話給對方，說正語，即便只有一兩分鐘。我們可能早就想這麼做，也許對方也等我們很久了，只是沒有意識到。

或者不打電話，你也可以寫一封充滿理解和慈悲的電子郵件或簡訊。甚至在你發送訊息之前，療癒就已經開始了。和所愛的人和解從不嫌晚。即使他們已經離世，你還是可以寫一封信給他們，表達你的後悔和愛意。僅僅這樣做就會帶來平靜和療癒。你的話語可以是美麗的寶石，穿越時空創造出相互的理解和愛。

我們在身體的行動中延續。無論何時我們以有形的身體守護、幫助、解救或鼓舞其他人，那樣的行動對我們和世界就是滋養和療癒。我們要問問自己：「我要將身體的能量投注在哪裡？」「在我的身體衰解之後，我要留下什麼？」「為了實現夢想，今日我能做些什麼？」

讓我們再次仰望天空的雲朵。當雲還是一朵雲時，她已經能夠在雨、雪和冰雹的形式中看到她的延續身。假設三分之一的雲已經變成雨，而其他三分之二的雲還高掛在天空上，快樂地望著雨落到地上。她正看著她的延續身。身為雲是美麗的，但是做為雨落下、變成水流也是美麗的。雲享受著從天空往下看，看著她的延續身化為清涼、明澈的河水，蜿蜒流過農村。

在我八十歲時，有位記者問我是否想過退休計畫。我微微笑，說道：「教導並非只是透過言說，還能藉由生活的方式。我們的生活就是開示。我們的生活就是具有啟示的訊息。因此，只要我持續修習正念靜坐、行禪、吃飯，以及與僧團和周遭的人交流，我將繼續教導與開示。」我告訴對方，我鼓勵我的資深弟子們透過佛法開示接替我的位置。他們許多人已經做過精彩的佛法開示，有些人比我講授得更棒！當他們傳授佛法時，我看到自己在他們身上延續。

當你看著你的兒子、你的女兒或你的孫子，你能看到他們是你的延續。當老師看著他的學生，他可以把學生視為他的延續。如果他是快樂的老師，如果他有很多的自由、慈悲和理解，他的學生也會是快樂的，而且感受到被理解。每個人現在就能看到自己的延續。這是我們必須提醒自己每天去做的事。當我注視著我的朋友、學生和我傳戒的一千多位比丘和比丘尼，他們在世界各地修習正念和主持禪修營，我便看到我的延續身。

即使還很年輕，我們已經擁有延續身，
你能看到它嗎？

你能看到你是如何在父母、兄弟姊妹、老師和朋友身上延續嗎？你能看到你的父母和你所愛之人的延續身嗎？我們不需要等到衰老和死亡後，才能看到自己的延續身。我們不需要等到這具身軀完全瓦解，才看到自己的延續身。一朵雲不需要完全變成雨，才看得到自己的延續身。你能看到你的雨、你的河流、你的海洋嗎？

每個人都應該訓練自己在當下這一刻看到自己的延續身。如果我們能在還活著時看到自己的延續身，我們就會知道如何培育它，以確保未來有個美麗的延續。這才是真正的生活的藝術。如此一來，當有形身體死亡的那一刻來臨，我們將能夠自在地捨下它。

偶爾我會將身體比作茶壺裡正滾沸著而最終將變成蒸氣的水。當我的身體衰解時，你可能會說「一行禪師已經死了」。但這不是真的。我永遠不會死去。

我的本性是雲的本性——不生不死的本性。一朵雲不可能逝去，我也不可死去。我享受深觀我的延續身，正如雲朵享受觀看雨滴落下變成在遙遠下方的河流。如果你深觀自己，你會看到你也以相同的方式延續著我。你吸氣和呼氣，你找到了平靜、快樂和滿足，你知道我總是與你同在，不論我的有形身體是否繼續存在。我在我的朋友、學生和弟子中延續著。我在全世界數不盡的人們身上延續著，我或許未曾見過他們，但他們讀過我的書、聽過我的開示，或者與當地共修團或在我們的某個禪修中心修習過正念。以無相之眼諦觀，你將能夠看到我遠超越這具身軀。

因此，對於「當我死去會發生什麼事？」這個問題，最簡短的回答是你不會死。那是真相，因為當你明白人的本性，當你明白死亡這個動作的本性，你會知道沒有死。沒有死去，只有轉化。

第七身：宇宙身

我們的宇宙身（cosmic body）涵蓋整個現象界。不可思議的是，我們的人身終有一天會衰解，但是我們遠遠比這具身軀多得多。我們也是宇宙，而宇宙是我們身體的基礎。沒有宇宙，身體就不可能在這裡。藉由相即的智慧，我們能看到雲朵在我們之內。有山有河、有原野有樹林、有陽光。我們是光的孩子。我們是太陽和星辰的兒女。此時此刻，整個宇宙聚合在一起，支持著我們的身體。我們這渺小的身軀涵蓋了整個現象界。

我們可以將身體觀想成一道波浪，將宇宙身觀想為海洋中所有其他的波浪。我們可以在所有其他的波浪中看到我們自己，也在我們之中看到其他波浪。不需要在我們之外去尋找我們的宇宙身。它就在這裡，在我們之內，在當下這一刻。我們是由星塵構成。我們是地球的孩子，由相同的元素和礦物質所組成。我們包含了群山、眾河、星辰和黑洞。宇宙在我們生命的每一刻穿過我們、復甦我們，而我們也將自己回歸宇宙。我們呼吸著大氣層的空氣、吃著大地的食物、創造新的觀念，以及體驗新的感覺。在我們的思考、言說和行動中，在我們的呼吸和身體溫度中，以及在我們消費和消化的每樣事物中，我們將能量散發回宇宙。此時此刻，部分的我們正在返回地球。我們不單單在身體衰解時才回歸大地和宇宙。

我們已經在大地之內，大地也在我們之內。

我們的身體是宇宙的傑作，當我們愛護、尊重和珍惜我們的身體，就是在愛護、尊重和珍惜我們的宇宙身。如此生活便能夠照顧好我們的身體，照顧好我們的祖先，以及照顧好我們的宇宙身。

第八身：勝義身

我們的第八身是宇宙最深的層次：實相的本性，超越所有的認知、形貌、形相和概念。這是我們的「宇宙本性」身（"true nature of the cosmos" body）。當我們接觸各種事物，無論是波浪、陽光、森林、空氣、水或星辰，我們感知到外觀和形相的現象界。在這個世俗諦的層面，每件事物都在變化，每樣事物都受限於生與死，有與無。但是當我們接觸現象界夠深，就能超越外觀和形相而觸及勝義諦，即宇宙的真實本性，那是無法以概念、字詞或形相，如「出生」和「死亡」，或「來」和「去」，加以描述的。

我們是一道出現在海洋表面的波浪。一道波浪不會持續太久，也許只有十到二十秒。波浪有開始和結束、上升和下降。波浪可能會被困在「我現在在這裡，之後將不在這裡」這樣的想法。波浪可能感到害怕、甚至憤怒。但是波浪也有她的海洋身。她來自大海，也將回歸大海。她是波浪身，也是海洋身。她不只是波浪，她也是大海。她不需要尋找一個單獨的海洋身。一旦她能夠回到她自身，認識她的真實本性（也就是水），所有的恐懼和焦慮就會消失不見。

我們將最深層的心識稱作「藏識」，它能夠直接觸及究竟，亦即實相自身。我們的意識也許無法立即觸及究竟，但是我們的藏識正在認識宇宙的真實本性，就在此時此刻。

當你看到你的宇宙身，你不再是一塊漂浮在大海中的浮冰，你變成了水。保持正念呼吸，深入覺知我們的身體，我們就能夠離開思慮、辨別和分析的層次，進入相即的領域。

萬事萬物相互存在

我們的不同身體之間有深切的連結。我們的肉身、佛身、修行身、身外身、延續身、宇宙身相互存在。我們的身體含納了宇宙身和宇宙的真實本性——實相本身超越所有的語詞、標籤和觀念。我們的宇宙身是天地萬物、創造、神的精心傑作。諦觀宇宙，我們看到它的真實本性。我們可以說宇宙的真實本性即是神。諦觀創造，我們看到了創造者。

一開始事物看似存在彼此之外。太陽不是月亮，銀河系不是另一個星系。你是在我之外，父親是在兒子之外。但是深入諦觀，我們看到事物相互交織。我們無法將雨從花中取出，或是將氧氣從樹中取出。我們無法將父親從兒子身上取出，或是將兒子從父親身上取出來。我們無法將任何事物從別的事物中取出來。我們是山與河，我們是太陽及星辰。萬事萬物相互存在。這就是物理學家博姆（David Bohm）所說的「隱序」（the implicate order）。起初我們只能看到「顯序」（the explicate order），但是只要我們明白事物不是存在彼此之外，我們就認識了宇宙最深的層面。我們了解我們無法將水從波浪中取出來，我們也不能將波浪從水中取出來。波浪是水自身，而我們則**是**究竟（ultimate）。

很多人相信神自外於宇宙而存在，宇宙是神的創造。但是你無法將神從你自身中移除；你無法將究竟從你自身中移除。涅槃就在那裡，和你一起。

倘若我們想要觸及究竟，
我們必須朝自身內看，而非向外看。

從內深觀，我們能觸及實相本身。倘若你的正念和定夠深，當你在自然中修習行禪，抑或當你深觀美麗的日落或你自己的身體，你就能看到宇宙的真實本性。

修習正念可以獲得各種各樣的鬆緩。最大的鬆緩和平靜來自我們理解了無生亦無死的本性。這樣的理解是做得到的，是可能的。它會給我們帶來很多自由。如果我們認識了我們的宇宙身、神身和涅槃身，我們將不再害怕死亡。這是佛陀教法和修習的精華。有些人可以快樂、平靜地死去，是因為他們已經具備了這樣的智慧。

練習：諦觀無限的生命

每天覺知你所有不同的身體，感受到與它們的連結——以這樣的方式過生活是可能的。你將能夠看到你的延續身遍及時空，領悟到你的生命是無止盡的。這具終將衰解的有形身體只是你的一小部分。

你可能想要花點時間想想下面的內容。它是一個邀請，邀請你認識生命的無邊無盡；你是沒有限制的生命。你可以慢慢地讀，讓每一行字如溫柔的雨般，落在你心識的土壤上。

我看到的這具由四大元素所組成的身體不是真的我，我也不受這具身體的限制。我是整個生命之河，包含血脈的先祖和精神的先祖，已經持續地流過數千年，亦將繼續流過未來數千年。我與我的先祖和後裔是一體的。我是在無數不同的形態中顯現的生命。我與所有人類和所有物種是一體的，不論他們是安詳喜悅，抑或受苦害怕。此時此刻，我在這個世界無處不在。我存在過去，亦將存在未來。這具身體的衰解不會影響我，正如梅花花瓣的凋落不代表梅樹的終結。我看到我如大海表面的波浪，我看到自己在所有其他的波浪中，我也看到所有其他的波浪在我之中。波浪的出現或消失不會減損海洋的存在。我的法身和精神生命不受生死所限。我能夠在這具身體顯現之前和衰解之後看到我的存在。我能夠在這具身體之外，甚至在當下，看到我的存在。八十歲或九十歲不是我的壽命。我的壽命如同一片葉子或一位佛陀的壽命，是不可測量的。我能夠超越「我是在時空中自外於所有其他生命的一具身體」這樣的想法。

指導禪修：與宇宙一起呼吸

吸氣，我看到土元素在我之中，風元素在我之中。我看到雲、雪、雨和河流在我之中。我看到大氣層、風和森林在我之中，山和海亦然。我看到地球在我之中。

呼氣，我對著在我之中的地球微笑，我和地球母親是一體的，這個太陽系中最美麗的星球。

地球母親在我之中。
對著太陽系中最美麗的星球微笑。

吸氣，我看到光元素在我之中，我是由光所構成；我是由太陽所構成。我將星辰看作無盡的生命源泉，時時滋養著我們。釋迦牟尼佛是太陽之父的孩子；我也是。

呼氣，我對著在我之中的太陽微笑。我是太陽，是一顆恆星，是整個銀河系中最美麗的一顆恆星。

我是太陽的孩子。

我是一顆恆星。

吸氣，我看到我所有的祖先在我之中：我的礦物祖先、我的植物祖先、哺乳動物祖先和人類祖先。我的祖先總是臨在，活在我身體的每一個細胞裡，我是他們不死不滅的一部分。

呼氣，我對著茶中的雲微笑。一朵雲從未死去。一朵雲能夠變成雪或雨，但絕不會變成虛無。我也是雲不死不滅的一部分。

我是我的先祖。

我是先祖們不死不滅的一部分。

吸氣，我看到恆星和銀河系在我之中。我是心識，顯現為宇宙。我是由恆星和銀河系所構成。

呼氣，我朝在我之中的星辰微笑。我是雲、雨、星辰和宇宙不死不滅的一部分。

對著在我之中的星辰微笑。
我是星辰和宇宙不死不滅的一部分。

吸氣，我明白沒有任何事物被創造，沒有任何事物被毀滅；萬事萬物都在轉變。我知道物質和能量無生亦無死。我知道出生和死亡、存在和不存在僅是概念。呼氣，我對著無生無死的真實本性微笑。我從存在中解脫，亦從不存在中解脫。無死，亦無恐懼。我觸及涅槃那無生亦無死的真實本性。

沒有任何事物被創造。沒有任何事物被毀滅。
我從存在中解脫，從不存在中解脫。

第三章

無願：主內安歇

你已經是你想要成為的。
你是奇蹟。你是不可思議的。

有位喋喋不休的仙人名為赤馬（Rohitassa），他把自己視為英雄人物。有一天，他騎著馬去拜謁佛陀。★

「親愛的老師，」他問，「你認為有可能以速度的工具逃離這個有生死、苦難、分別的世界嗎？」人類似乎總是想要快速抵達什麼地方。我們現在甚至想要建造能以光速飛馳的機器，希望能造訪其他次元。在佛陀的時代，沒有飛機或太空火箭。最快的行進方式就是騎馬。

佛陀溫和地回答：「沒有，赤馬。要從這個世界逃離是不可能的，就算是速度很快。」

「你說得對。」赤馬說：「在前一世，我的行進速度快如光。我不吃、不睡、不喝。除了高速行走，我什麼也不做，但還是無法逃離這個世界。最終，在我能逃脫之前，我就死了。因此我非常同意那是不可能的。」

「但是，我的朋友，」佛陀繼續說道，「有個方法可以逃離。你只需要向內看。深觀你自己的身體，這區區六尺之身，你就會發現宇宙的廣袤無窮。你能夠超越生死、苦難和分別而觸及你的真實本性。你不需要去任何地方。」

我們很多人一輩子都匆匆忙忙。我們有種必須奔趕的感覺——奔向未來、遠離過去、離開我們所在的地方。事實上，我們不需要去任何地方。我們只需要坐下來，深入諦觀，就會發現此時此地，整個宇宙就在我們之內。我們的身體是一個包含各式各樣訊息的奇蹟。理解自己，就是理解整個宇宙。

走出和超越困境與苦惱的方法，是回歸自心。

若我們認為有個與周遭世界不同的單獨自我，我們就會覺得自己能脫離這個世界。一旦我們了解我們**就是**這個世界，我們完全是由非我的成分所組成，我們就會知道不需要追逐身外的事物。世界不能夠脫離世界。我們已經是我們尋尋覓覓的一切。

★譯按：故事出自巴利經典《相應部》2.26〈赤馬經〉（*Rohitassa Sutta*）。

主內安歇

我們不需要去找尋水，也不需要去追求究竟。波浪就**是**水。你已經是你想要成為的。你是由太陽、月亮和星辰所構成。在你之內，你已經擁有萬事萬物。

基督教有個表達方式叫「主內安歇」。當我們放下所有追尋和追求，就好像我們在主內安歇。我們牢牢將自己扎根於當下這一刻；我們安住於究竟；我們安住於我們的宇宙身。安住究竟不需要信仰或相信。波浪不需要**相信**它是水。就在此地此刻，波浪早已是水。

對我來說，神不是在我們之外或在現實之外。神**在內**。神不是一個我們要去尋求、要去信仰或不信仰的外在實體。神、涅槃、究竟，是我們每個人內在本有的。神的國在每一時刻都是觸手可及的。問題在於我們是否願意撥出時間給它。保持正念、專注和智慧，隨著每一次呼吸和每一個步伐，觸及涅槃、觸及我們的宇宙身或神的國，將是可能的。

無願：第三解脫門

諦觀無願表示抵達當下，發現當下這一刻是你可以找到你想要的事事物物的唯一時刻，你**已是**你希望成為的。

無願並非什麼都不做。它是指不要將事物置於我們前頭而去追求。當我們卸下貪取或渴欲的對象，我們會發現幸福和自在垂手可得，就在此地，就在當下。

我們習於追求著什麼，這個習慣從我們的雙親和先祖傳到了我們。我們無法在此時此地就感到滿足，因此我們追尋各式各樣我們認為會使我們快樂的東西。為了追求職場和學業的成功，我們犧牲了生活。我們追尋著生活的夢想，卻在中途迷失了自己。在我們努力要保持正念、維持健康、解脫苦惱或得到開悟的過程中，我們甚至可能失去了自在與快樂。我們忽視當下的奇蹟，認為天堂和究竟是為了以後，而非現在。

禪修意味著有時間深刻諦觀並看到這些事物。如果此時此地你感到憂慮不安或心神不寧，你需要問自己：「我在盼望什麼？」「我在尋求什麼？」「我在等待什麼？」

止的藝術

我們已經奔趕了數千年，所以很難停下來深刻地與當下的生命交會。學著停下來聽起來或許容易，事實上需要修練。

我記得有一天早晨，我在黎明曙光中深觀一座山岳。我看得非常清楚，不僅是我在凝望山岳，所有在我身上的先祖皆與我一起凝望山岳。當旭日在山巔昇起，我們一起讚嘆它的美麗。沒有任何地方需要趕去，沒有任何事情需要做。我們是自由的。我們只需要坐在那裡，享受日出。我們的先祖可能從來沒有機會安靜地、平和地坐著，像那樣享受日出。當我們能停下奔趕，所有的先祖也就能停下來。以正念和醒覺的能量，我們能夠以先祖之名停下來。那不是一個單獨的自我獨自停下來，而是整個傳承。

止，就有幸福。就有安詳。

當我們像那樣停下來，看起來似乎沒有任何事情發生，但事實上一切都在發生。你深深扎根於當下，你觸及了宇宙身。你觸及了永恆。不再有憂慮，不再有追逐求索。

在梅村，在我們所有的正念禪修中心，在美國、歐洲和亞洲，每次聽到鐘聲，我們就修習止。不論是寺院用鐘、大寮（餐廳）報時鐘、村落教堂的鐘聲，甚或是電話響聲，我們一聽到鐘聲，就停下來、放鬆和呼吸。我們回到自己身上，回到當下這一刻。如果我們正在說話，就停止說話。如果我們正在走路，就停下腳步。如果我們正在搬東西，就把東西放下。我們回到我們的呼吸，抵達我們的身體，在此時此地。我們放鬆下來，僅僅享受聆聽鐘聲。

諦聽鐘聲，我們與當下這一刻進入深刻的關係，當下這一刻擁抱了無止盡的時空。過去和未來就在這裡，在當下這一刻。神、涅槃、宇宙身皆觸手可及。這一刻變成了永恆、完滿的時刻。

你的父親、你的母親、你的祖父和祖母在哪裡呢？就在這裡，當下這一刻。你的孩子、孫子和未來的後代在哪裡呢？耶穌基督和佛陀在哪裡呢？愛和慈悲在哪裡呢？他們在這裡。他們不是獨立於我們的意識、我們的存在和我們的生命的實相。他們不是希望或追求的外在目標。天堂這個神的國度在哪裡？也是在這裡。我們尋尋覓覓的一切，我們想要經驗的一切，都必須在這裡發生，在當下這一刻。未來僅是一個信念，一個抽象的概念。

只有當下這一刻是真實的。

如果我們繼續夢想未來，就會失去當下這一刻。如果我們失去當下，就會失去一切。我們失去了自由、安詳、喜悅，以及觸及神的國，亦即觸及涅槃的機會。《馬太福音》中有個故事，一個農夫發現田裡藏著寶藏，回家後賣掉所擁有的一切好買下那塊田地。那個寶藏是神的國，僅能在當下被發現。只需要剎那的醒覺，你便能領悟你所追尋的事物早已在那裡，在你之中，在你周圍。就像那位農夫，一旦我們明白，就能輕易放下其他一切，在當下這一刻觸及真正的安詳、快樂和自由。這是值得的。失去當下這一片刻，就失去與生命交會僅有的機會。

庭院裡的柏樹

有個禪門故事，一位弟子覺得他尚未得到師父教法最深奧的精髓，因此他去請問師父。他的師父答道：「在你來這裡的路上，你看到庭院裡的柏樹了嗎？」或許那個弟子尚未具足正念。師父的意思是，假如我們在前往師父那裡的路上經過了一棵柏樹，或是一棵綻放的美麗梅樹，而我們沒有真的看見它，那麼當我們去到師父面前，我們也看不見師父。我們不應該錯過看見柏樹的機會。每天我們都走過生命的奇蹟，但是我們從未真的看見它們。你每天上班路上的柏樹是什麼呢？如果你連那棵樹都看不到，如何能夠看見你心愛的人？如何能夠看見神？每一棵樹、每一朵花都屬於神的國度。如果綻放的大理花不屬於神的國度，那它屬於哪裡呢？如果我們想要與神交流，如果我們想要領會神，我們需要的就只是看見在我們路上的柏樹。

正念幫助我們抵達當下這一刻，
看見和聽見生命的奇妙，看見和聽見神。

如果說二十一世紀有精神危機，那是我們未將神擺在正確的位置，也就是在我們之內和我們周遭的世界。你能將神從宇宙中取出嗎？你能將宇宙從神之中拿出來嗎？

我們都是奇蹟，我們被奇蹟所環繞。在此刻，我們有神，我們有宇宙身，我們有一切。抱持這個洞見，懷有這樣的覺悟，我們已經是快樂、滿足和完滿的。

地球上的天堂

對有些人來說，最高的夢想是上天堂；如果是佛教徒，就是死後往生「淨土」。我們相信這一生多少有點不足和不滿，僅能在死後達至最深、最圓滿的存在層面。我們覺得需要褪去這具身體，才能真正觸及究竟。我們覺得有一個更好的地方，更快樂、更完美的地方，在他方，在以後。

然而，如果我們期望死後才能有幸福，可能太遲了。我們能夠以人類的身體，在此時此地，觸及生命所有的奇蹟和究竟實相。你的身體也是一個奇蹟。它是人性花園裡的花朵，你應該以最大的尊重對待你的身體，因為它屬於神的國。你能以你的身體觸及神的國。一次正念吸氣就足以讓我們霍然注意到晴朗的藍天、冷冽清新的空氣、松樹林中的風聲，或溪澗奔流的樂音。我們不需要死去才上天堂。我們早已在神的國。

成爲美麗的；做你自己

我們或許能夠看到周遭的奇蹟，卻不相信我們自己也是一個奇蹟。我們感到不足。我們嚮往別的東西、更多的事物。我們就像一個平底鍋，轉來轉去尋找一個蓋子。我們對自己缺乏信心，也對我們有能力安住於平靜、慈悲和醒覺沒有自信。我們對困厄感到不堪負荷，因此我們日復一日都覺得缺少了什麼。我們得問自己：「我少了什麼？」「我在期待什麼？」

無願的修習，就是找出你正在尋求、等待或追逐什麼，然後放下它。卸下這些目標，這些把你從此時此地拉走的目標，你會發現你想要的一切早就在這裡，就在這一刻。你不需要「成為某人」或做某件事才可以感到快樂和自在。如果你問一朵綻放的花兒，或一棵聳立在林間的樹木：「你在期待什麼？」它們會如何回答？假如你抱持正念和專注，你會在心底聽到它們的答案。

每一個人都必須做真正的自己：

生氣勃勃、穩健、輕鬆自在、愛和慈悲。

當我們是真正的自己，不僅我們自身受惠，

周遭每個人都因我們的存在而受益。

汝本自足

九世紀知名的臨濟禪師教導：「人類和佛陀並非是二。」★他表示：「你和佛陀之間沒有任何差別。」❖他的意思是你早已具足。我們不需要做任何特別的事才能成佛，或長養我們的佛身。我們只需要過簡單、真實的生活。我們的真人、我們的真

★譯按：即「生佛非二」，「生」指尚未開悟的眾生。

❖譯按：生佛平等。

我，不需要特殊的工作或地位。我們的真我不需要金錢、名聲或地位。我們的真我不需要做任何事，只要在當下這一刻深刻地過生活。當我們吃飯，我們就只是吃飯。當我們洗碗盤，就只是洗碗盤。當我們沐浴，就只是沐浴。當我們走路，就只是走路。當我們坐著，就只是坐著。做這些事是奇蹟，而生活的藝術就是自在地做這些事。

自在解脫是一個修習，一種習慣。
我們必須修練自己像個自在的人一樣地走路，
像個自在的人一樣地坐，像個自在的人一樣地吃飯。
我們需要修練自己如何生活。

佛陀也要吃飯、走路和上廁所。但是他自在地做這些事，不會從一件事匆忙地趕到下一件事。我們能夠像那樣生活嗎？我們能夠忠於自己地過生活嗎？假如我們還在尋找和追求其他東西、更多的事物，那不是無願。我們還不是自在的，我們還不是真正的自己。我們的真我早已在我們之內，只要我們認識它，我們就是自在的人。我們已從無始的時間解脫。我們僅僅需要能夠認識它。

我曾經有機會拜訪位於印度馬哈拉斯特拉（Maharashtra）的佛教阿旃陀石窟（Ajanta Cave）。那是完全從山岩刻鑿出來的。那裡有僧舍，內有挖鑿出來的洞，僧侶可以把他們的乞鉢和僧袍放在洞裡。我參觀的那天，天氣很熱，我躺了下來，享受石窟宜人的涼爽。

這些石窟不是用外來的事物做成的。僧舍僅僅是從岩石挖鑿出來。他們除去愈多的岩石，石窟就變得愈大。要認識我們的真我，我們的真性，就像那樣。所有我們認為得從外面發現的東西，早已在那裡，在我們裡面。慈愛、理解和悲憫都在那裡，在我們之內。我們只需要清掉若干阻礙道路的岩石，以便看見它們。沒有需要向外尋找的神聖本質，沒有必須摧毀的平凡本質。我們已經是我們想要成為的。即便在我們最困頓的時刻，良善、真實和美麗的一切早已在我們之內和我們周遭。我們僅需以能夠讓它們顯露出來的方式過生活。

安住於無事

臨濟禪師勸誡弟子要處於「無事」（business-less）。這意味著不要忙個不停，從忙碌中解脫。如果我們能夠保持無事，就能在日常生活中發現無願的精神，不會被我們的欲望、思慮和計畫給帶著走。我們不是為了得到讚美或身分地位而做事；我們不是試圖扮演什麼角色。無論我們在哪裡，我們都能擁有自主權。我們不再跟著環境走，不再受群體的驅使或操縱。

無論我們正在做什麼，
我們能夠輕鬆自在地做。

對臨濟禪師而言，理想的生命不是一個證悟的「阿羅漢」，或發願救渡眾生的「菩薩」，而是一個無事人。無事人領悟了空性、無相、無願的智慧。他們不受單獨自我的概念所困，他們不需要聲名或地位這些表徵，他們自在快樂地安住於當下。

安住於無事，是在生活中觸及究竟界（ultimate dimension）。在究竟界裡，沒有事情要做。我們已經是我們希望成為的。我們是輕鬆自在的；我們是平靜的。不再需要東奔西趕。我們是快樂、不擔憂、不焦慮的。這是這個世間最需要的存在方式。安住在究竟界是喜悅的，我們都應該學習如何做到。

「但是，」你可能會問：「如果我們在當下這一刻是快樂的，沒有地方要去，沒有事情要做，那麼誰將幫助眾生解脫？誰將解救在苦海中快要溺斃的人？如果我們優先考慮的是自由和快樂，難道不會使我們缺乏動力，逃避幫助他人？」

佛陀不再尋找或渴求任何事物，不再奮力爭求，但他從未停止幫助眾生解脫。終其四十五年的傳道授法，他一直在幫助人們從苦難中解脫，甚至直到他生命的最後一刻。安住於無願不表示不具有悲憫或慈愛。一旦我們懷抱悲憫、慈愛和理解，自然就有強烈的動機去行動和幫助他人。

重要的是為世間受苦的境遇帶來不同的生命品質。如果我們只是像他人一樣受苦，如何能幫助他們減少苦難呢？如果醫生和病患一樣不健康，他們如何能幫助病人療癒呢？平靜、喜悅、慈悲和自由的能量是至關緊要的。我們必須滋養和守護我們的存在方式。無論我們做什麼，都需要有精神的層面。

> 當我們的工作和生活有了精神的層面，
> 我們就能夠支撐自己，照顧自己，免於耗竭。

一九六〇年代，我寫了一本書叫《正念的奇蹟》（*The Miracle of Mindfulness*），以此做為數千個年輕社工的指導手冊，他們在越南的青年社會服務學院（School of Youth for Social Service）受訓。我想要幫助他們修習，讓他們保持健康、專注和慈悲，如此一來他們才能滋養願力並有充足的喜悅和平靜繼續從事這樣的服務工作。

我們可以以自由人的身分去做事、服務和投入，而不迷失在工作間。我們不會掙扎完成某個目標而錯失了當下。這就是無願的意義。我們散發的平靜、自由、悲憫和慈愛，已經幫助了周遭的人減少苦受。我們並不消極被動。消極被動是指被環境或周遭的人拖曳、驅使和操縱。而我們的自由和自主權意味著我們不會變成環境的犧牲者。

以慈悲和智慧，我們問自己：「在這種情況下，我能做些什麼讓事情不會變得更糟？我如何協助改善處境？」當我們知道我們正盡所能地走在減輕苦難的道路上，沿途的每一步都可以保持平靜安樂。

存在與行動

我的名字 Nhat Hanh 的意思是「一行」。我花了很長的時間試圖找出是哪「一」個「行」動。然後我發現我的一行是平靜，並且將平靜帶給他人。

我們往往從「行動」（doing）而非「存在」（being）的角度去思考。我們認為不做任何事就是在浪擲時光。但那不是真的。我們的時間就是為了我們而存在。存在什麼？存在生活中，存在平靜中，存在喜悅中，存在慈愛中。這是世間最需要的。我們需要以這種存在的方式修練自己，這是所有行動的基礎。

存在的品質決定了行動的品質。

有人會說：「不要光坐在那裡，做些事！」當我們看到不公不義、暴力和苦難無處不在，我們自然會想要做些有助益的事。一九五〇和六〇年代，我身為越南一個年輕比丘，和朋友與學生們一起合作，盡各種努力創生了扎根佛教（grassroots Buddhism），為的是回應那個時代巨大的苦難。我們知道唱誦經咒的供養已不足以將國家從衝突、分裂和戰爭的絕望中拯救出來。

我們著手發行大型全國性的佛教週刊，創辦了青年社會服務學院，以便可以為飽受戰火蹂躪的村莊帶來紓解和支持。我們也於西貢創立了萬行大學（Van Hanh University），為年輕一代提供更現代化的教育。在所有這些工作中，我們了解到行動的品質有賴於存在的本質。因此每個星期在竹林寺（Bamboo Forest Monastery）的鄰近處，我們安排了一整天的正念修習。我們在那裡一起修習坐禪、行禪和正念吃飯，諦聽彼此的挑戰和喜悅。憑藉著同袍情誼的能量，我們創造了一個美妙、快樂的庇護所。

因此，除了說：「不要光坐在那裡，做些事！」我們也可以說：「不要光做事，坐下！」停下來，安住於寂靜，修習正念，如此可以為存在帶來嶄新的層面。我們能夠轉化憤怒和焦慮，滋養平靜、理解和慈悲的能量以做為行動的礎石。智慧、慈悲、包容、無懼、耐心和無分別（不貶損任何人），皆是覺悟的特質。滋養這些能量有助我們將究竟界帶入歷史界，我們因此能夠以平安喜樂的方式去行動，不受恐懼、壓力、絕望的影響。而我們依然能夠非常主動積極，從一個平安喜樂的所在去做每一件事情。這是我們最需要的行動。當我們能夠如此行動，我們所做的事將給我們自身和世間帶來極大的助益。

無行之行

有時候無所作為是我們能做的最好的事。不行動也是一種行動。有些人好像做得不多，但是他們的存在對世間的安樂至關緊要。家庭中有些人可能沒有賺多少錢，我們可能會說他們不太積極，但是如果那個人不在了，這個家會變得較不快樂與不安穩，因為那個人貢獻的是存在的品質，他們的無行（non-action）。

想像一艘船載著遭逢絕境的難民橫越大洋。那艘船被困在暴風雨中，每個人都驚慌不已。如果人人都陷入恐慌，他們很可能會做出錯誤的決定，那艘船也將因此傾覆。然而，如果有一個人能夠保持平靜，就能夠鼓舞他人也保持平靜。如果他發自平靜之心，請船上每個人都靜下來坐著，那麼整艘船可能就會獲救。那個人並沒有真的做了什麼，他最重要的貢獻是他的平靜和他存在的品質。這就是無行的行動。

做為一個社會群體，我們總是努力做些什麼好解決我們所面對的許多困難。然而，似乎我們做得愈多，情況愈糟。因此我們必須檢視我們行動的基礎，也就是我們存在的品質。

我們曾在梅村為以色列人和巴勒斯坦人安排了禪修營。在中東地區，他們的生活可能是日復一日的生死搏鬥。總是有什麼重要的事得做，沒有一刻停下來。但是當他們來到梅村，我們創造了一個和平的環境讓他們休息、停下來、安靜坐著，讓他們回到他們自身。他們和我們一起坐著、一起走路、一起吃飯。他們修習深刻的放鬆。沒有人需要做什麼特別的事，而這已經是一種革命。在幾天的修習之後，他們感覺好很多。他們的內在有了空間，他們能夠坐在那裡，懷著慈悲之心傾聽另一方的苦難。禪修營裡的很多年輕人告訴我，那是他們生命中第一次相信中東的和平是可能的。

如果我們希望籌畫一場和平會議或有關環境議題的會議，我們也能夠以相同的方式做到。各國的領導者聚在一起，不僅圍著桌子坐在一起做決定，而是如朋友般共度時光，建立起人與人的關係。當我們深刻諦聽彼此的苦難和困境，當我們能夠使用愛語來表達我們的見解和想法，談判協商將會成功。一旦有了理解，釋放恐懼和憤怒就變得可能。

重建溝通是和平最基本的練習。

我們必須做好組織安排，如此在會議中才有充分的時間和平地相處、和平地思考、和平地行動，產生國家所需要的洞見。和平不是寄望於未來。和平是在每一刻。如果我們想要和平，我們就必須是和平的。和平是一種修習，而非一種希望。若說國家領導人無法花上一兩個禮拜的時間像這樣聚在一起，可是想想戰爭和暴力正在消耗我們如此多的金錢和生命。他們必須攜手合作。我們的政治領導人需要精神導師的協助以處理這些全球問題。真正的和平需要精神的維度，也就是修習和平。

你的夢想是什麼？

我曾經在荷蘭被一位記者問道：「在你離世之前，有任何你想要做卻尚未完成的事嗎？」我不知道如何回答，因為她對佛法不太熟悉。我只能微笑以對。

事實上，我真的不覺得在我離世之前還有什麼事是我必須完成的。我認為無生亦無死。我想要做的事，長久以來我已經都在做了。無論如何，在究竟的層面上，沒有更多的事需要去做。越南戰爭期間，我是個三十歲的僧侶，我寫了一首詩，其中有這幾行字：「親愛的，重建的工作可能要耗費數千個一生，但是這個工作在數千個一生之前已經圓滿完成。」在究竟的維度，沒有任何事需要我們去做。修習無願不意味著我們沒有夢想或願力，而是指在當下就觸及究竟，因此我們能夠懷抱喜悅、輕鬆和自在去實現夢想。

人的一生中都有想要實現什麼的渴望。無論你是否意識到，在你內心深處，總是有想要成就的事。不是稍縱即逝的渴望，而是一個在你年輕時就種入心中的想望。這是你最珍視的夢想，你的終極關懷。當你找出並滋養你最深的渴望，它能夠成為巨大的幸福、能量和動機的源泉。它能夠提供你動力和方向。它能夠支持你熬過艱困的時刻。

我們的夢想給了我們生命力。它給了我們生命的意義。

每個人都有一個夢。你需要靜下來，諦觀並傾聽你的心，發現你最深的渴望。是擁有很多錢、權力、名望或性，或者其他東西？你想要你的生命是什麼模樣？你不應該等到老了才問自己這些問題。一旦你能找出自己最深的想望，你就有機會做真正的自己，過你想要過的那種人生，成為你希望成為的那種人。

共享的夢想

當你和某個人展開一段關係，你也要知道他最深的夢想是什麼。你要問對方想要過怎樣的人生。在結婚之前你就要弄清楚，而非結婚後。如果你和某個人生活在一起，但是你們各自追求不同的理想，那麼你們彼此絕對無法建立深刻的連結。因此你和你的伴侶需要花點時間坐下來，聊聊這些問題。如果你愛他，你需要理解他，也需要幫助他理解你。同床異夢是個悲劇。與伴侶談談你的夢想是深化溝通和連結的一種方式，如此你們兩就能夠往同一個方向前進。

你也可以問問父母關於他們的夢想。「你年輕時曾經有過夢想嗎？你實現了這個夢想嗎？」如果你能夠像這樣提問，你和父母的關係將變得真實而深刻。這是一種了解父母的方法。這麼做將能夠使他們敞開心扉，你會感到和他們如好友般親近。如果你的雙親尚未能實現他們的夢想，你或許能夠為他們圓夢，因為你是他們的延續。

諦觀你的身體、你的感覺、你的苦惱，你就能看到你父母的身體、苦惱、希望與夢想。即使你的父母已經過世，你還是能夠諦觀這些問題並聽到答案，因為你是你父母的延續，他們依舊活在你之內，在你身體的每一個細胞中。

對你的精神先祖也是如此。即使你們未曾謀面，如果你曾接受他們的教導且修習過這些教導，那麼他們也活在你之中。他們存在你踏出正念的步伐中、在你擘開麵包的方式裡。

臣服

曾經有位學生問我，我認為「臣服於神的意志」是什麼意思。對我來說，神的意志是：我們每一個人應該都是我們最美好的樣子。我們應該活著，我們應該享受生命的奇蹟，盡我們所能幫助他人也這麼做。這是神的意志，也是大自然的意志。

地球母親總是盡其所能地美麗和生氣勃勃、接納和寬容。地球母親正在執行神的意志。而我們，地球的孩子，能夠向她學習。我們可以學習跟她一樣的耐心和包容。能夠以這樣的方式生活，便能長養和保護我們的朝氣、美麗和慈悲。

如果我們想要培養快樂、轉化苦惱，並且幫助周遭的人轉化苦惱；如果我們想要完全臨在，深刻活出被賦予的生命，並且幫助他人也那麼做——這就是神的意志。這不是消極的臣服。想要活得平靜、快樂、充滿慈悲心，是一件充滿生命力的事。它不僅是神的意志，也是我們自己的意志。因此，臣服者和被臣服者並非分開的、不同的實體。究竟就在這裡，在我們之內。

你的夢想就在當下

我們傾向認為有一個方法、一條路徑可以實現我們的夢想，而道路的終點就是夢想的實現。但是根據佛教的精神，一旦你有了一個夢想、一個意圖、一個理想，你就必須活出它來。你的夢想在當下這一刻就能夠實現。以如此的方式過生活，朝正確方向前進的每一步和沿途的每一次呼吸，都會成為夢想的具現。你的夢想不會將你帶離當下；相反地，你的夢想會成為當下的現實。

每一刻都是實現夢想的方法，
以這樣的方式過生活，目標和方法無異。

好比說，倘若你夢想著解脫、開悟和幸福。那麼在你的日常生活中，你所有的念頭、話語和行動都應該致力於實現解脫、開悟和幸福。不用等到你已經到達道路的終點，才能擁有這些夢想。一旦你朝向解脫跨出一步，解脫就在那裡。在解脫道上的每一個腳步中，解脫、開悟和幸福皆是可能的。沒有通往幸福的方法；幸福就是那個方法。

你的目的地就在每一個腳步中

幾年前，我和一些出家弟子及朋友參訪了中國的五臺山。那是朝聖和旅遊的熱門景點，傳說是大智慧的文殊菩薩的居所。要走上一千多步才能到達山頂，但是我們的目標並不是登上頂峰，我們的目標是藉著每一步抵達平靜和喜樂。

那次的行走我記得非常清楚。每當我跨出一步，我就吸氣；跨出下一步，我就呼氣。許多人經過我們身邊時氣喘吁吁，他們轉過身往後瞧，想看看是誰走得這麼慢。但我們享受著踏出的每一步。我們時不時停下腳步享受風景。當我們抵達山上時，絲毫不覺得累，反而充滿了能量，藉由爬山恢復了精神並得到滋養。

當人類發展出走路和奔跑的能力時，為的是追逐什麼或逃避什麼。追和跑的能量深深根植於我們身體的每一個細胞裡。但是今日我們不再有相同的需要，毋須去狩獵、戰鬥或逃離危險，可是我們還是以那樣的能量在走路。我們已經從直立人

(*Homo erectus*)發展成智人(*Homo sapiens*),而且現在我們有機會變成覺人(*Homo conscius*)★——一個正念的、醒覺的物種。這個物種將學會自由自在地行走。平靜、自在地走路是一種美妙的方式,可以將究竟的維度帶入歷史的維度。它是鍛鍊我們不再奔趕的一個方法。

練習:走路的藝術

你可以將正念行走的修習應用到任何你去的地方,在城市或公園、上班或逛街、機場或河岸。別人不需要知道你正在修習正念行走。你自然地、輕鬆地走著。我建議你選擇每天都要走的一段短距離,也許從停車場到辦公室,或者從你家到公車站。熟練行禪並不需要耗費太多時間,而且我們可以立刻感受到它的益處。每一步都足以抵達平靜自在。

行禪和正念呼吸的修習密切相關。當你走路時,你的呼吸和你的腳步要相互配合。放鬆你的身體，放下任何關於過去和未來的念頭，將你的心帶回到當下這一刻。感覺和地面的接觸。吸氣時，注意你在吸氣時走了幾步。呼氣時，注意你在呼氣時走了幾步。讓呼吸保持自然，僅僅注意在你吸氣和呼氣時走了幾步。一段時間後，你會注意到在你的呼吸和步伐之間有一種韻律、一種協調。就像音樂一樣。

專注於我們的呼吸會讓我們獲得解脫。
只要幾秒鐘的時間，我們成為了一個解脫者。
自在地轉化先祖的習氣。

當你修習正念行走，你與你的身體和你的心一起行走。你應該真正地在那裡，在每一個腳步中完全臨在。「我在這裡。我確確實實在這裡。」你可能想要慢慢地走。如果你是獨自一人，你想要多慢就可以走多慢。吸氣時，踏一步。呼氣時，也踏一步。

★譯按：拉丁文*conscius*意為知悉的、意識到的。

吸氣時，你可以說：「我到了。」呼氣時，你可以說：「我回家了。」意思是，我回到當下這一刻，在此時此地。這不是一個宣言，而是一種體證。你必須確實抵達了。每一步都是在幫助你停止奔趕，不僅你的身體，還有你的心。藉由行禪，你看到了奔趕的習氣，然後才能逐漸轉化它。

你必須將身心百分之百投入於行禪，才能真正抵達當下。這是一項挑戰。如果你現在無法抵達，何時會抵達呢？保持呼吸，直到你感覺自己已經完全抵達這一刻，完全臨在。接著你可以踏出另一步，將抵達的戳記印在地上。露出勝利和歡喜的微笑！整個宇宙是你抵達的見證。如果你能像這樣踏出一步，就能再踏出兩步、三步。最重要的是，成功地踏出第一步。

「我到了。我回到家了。」意思是：「我不想再奔趕了。」

我這一生一直在奔趕，而我哪裡也沒到達。

現在我想要停下腳步。我的目的地就在此時此地，真實生命唯一可能的時間和地點。

這是一種緩慢的行禪，一種訓練自己真正停下來、平靜和抵達的方法。一旦掌握慢慢行走的藝術，你將能夠以任何速度修習行禪。正念行走不必然表示慢慢地走，而是指保持平靜和自在地走路。以正念踏出的每一步，會滋養和療癒你。你只要回到你的呼吸和你的身體。每一次呼吸，每一個步伐，都能讓你的身體和你的感覺放鬆。在平靜與自在中，自然地行走；在每一個腳步中，完全臨在，覺察你的身體和周遭所有的事物。

在每一個腳步裡，你都有自主權，你都有自由，你是你真實的自己。你不需為了抵達而趕往目的地。你在每一個步伐中抵達。你明白你是活著的，你是宇宙的傑作。當你在每一個腳步中都體會到平靜與自在，你就觸及涅槃，觸及你的宇宙身，觸及你的神身。不要認為涅槃是在遙遠的地方，你可以在每一個腳步中觸及涅槃。

當我們修習行禪，
我們以我們的雙腳、我們的心，以及我們整個身體，
觸及了究竟，觸及了神的國。

第四章

無常：就在此刻

因為無常，一切都是可能的。

有些烏龜可以活三、四百歲，美國紅杉可以活超過一千年。而我們自己的壽命大概最多僅一百年。這些年歲我們是如何過的？我們充分利用了我們的日子嗎？我們在這裡要實現或完成什麼？

後來我們可能會回頭看並感到疑惑：「我這一輩子都做了什麼？」時光飛逝，歲月如梭。死亡無預期地來到。我們如何跟它討價還價呢？等到明天就太遲了。所有人都想要活得深刻，如此生命才不會虛擲，當死亡來臨時才不會有任何遺憾。

當我們充分扎根於當下這一刻，我們知道我們是活著的，活著是一個奇蹟。過去已逝，未來尚未到來。此刻是唯一我們能夠活著的時刻，我們擁有它！

我們必須把當下這一片刻變成生命中最奇妙的片刻。

諦觀無常有助我們在當下這一刻感受到自由與幸福。它幫助我們看到實相如其所是，因此我們能夠擁抱變化，面對恐懼，珍惜所有。當我們能夠看到一朵花、一顆卵石、我們摯愛的人、我們的身體、我們的苦痛和悲傷，甚或一個處境的無常本性，我們就能夠進入實相之心。

無常是奇妙的。如果事物不是無常，生命就不會成為可能。一顆種子可能永遠無法變成玉米株；小孩可能不會長成青年；也可能不會有療癒和轉變；我們可能永遠無法實現夢想。無常對生命來說是非常重要的。因為無常，一切都是可能的。

再看看吧！到時候就知道了！

中國有個古老的故事，一名叫塞翁的鄉下人，他的生計全靠他的馬。有一天他的馬跑走了，所有鄰居都很同情他：「你實在很不走運！太倒楣了！」但是塞翁毫不擔心。「再看看吧！」他說：「到時候就知道了！」

幾天之後他的馬回來了，還帶了好幾匹野馬回來。塞翁家突然變得富裕。「你真幸運啊！」其他村民驚呼。「再看看吧！」塞翁回答：「到時候就知道了！」然後有一天，他唯一的兒子在馴化一匹野馬時跌斷了腿。「真是慘啊！」鄰居又說。「再看看吧！」塞翁說：「到時候就知道了！」

幾個星期之後，帝國軍隊經過村子，徵召所有身體健全的年輕男子從軍。他們沒有帶走塞翁的兒子，因他跌斷的腿還在康復中。「你真是幸運！」他的鄰居又說。「再看看吧！」塞翁回答：「到時候就知道了！」

無常能夠帶來幸福，也會帶來苦難。無常並非壞消息。因為無常，專制政權才有可能瓦解。因為無常，疾病才能治癒。因為無常，我們能夠享受美麗四季的不可思議。因為無常，無論什麼事都能朝更好的方向改變和轉化。

越戰期間暴力看似永無止盡。我們年輕的社工團隊努力重建被炸彈摧毀的村落。有太多人失去他們的家園。有一個毗鄰非軍事區的村落，我們必須重建兩三次。年輕人問道：「我們應該重建嗎？還是應該放棄？」幸運地我們有足夠的智慧，沒有放棄，因為放棄改變將等於放棄了希望。

我記得那時候有一群年輕人問我：「親愛的老師，你認為戰爭很快會結束嗎？」

當時我看不到任何戰爭結束的徵象，但是我不希望大家籠罩在絕望中。沉默一會兒後，我說：「親愛的朋友，佛陀說萬事萬物皆無常，戰爭總有一天會終了。」問題是，我們可以做些什麼來加速無常？我們總是能夠做些什麼去改善那樣的處境。

智慧的力量

我們可能會同意萬事萬物皆無常，但是我們還是**表現**得好像一切都是永恆的，而那就是問題所在。因為如此，我們無法把握眼前的機會，立即做出改變的行動，或是為我們自己和他人帶來幸福。了悟無常，你將不會再等待。你將盡所能地做出改變，讓你所愛的人快樂，過你希望過的生活。

佛陀說深觀無常，不是要我們珍視這個概念，而是要我們將其落實在日常生活中。**概念**和**智慧**是不同的。

倘若我們劃火柴點火。火焰出現，就開始消耗火柴。無常的概念就像火柴，而無常的智慧就如火焰。當火焰顯現，火柴逐漸消失。火柴是我們不再需要的，我們需要的是火焰。我們使用無常的概念，為的是了解無常的智慧。

我們可以讓無常的智慧變成鮮明的智慧，每時每刻與我們同在。

無常的智慧能夠讓我們解脫。假如你愛的人說了一些讓你生氣的話，你想要回敬一些不好的話語以懲罰他。他竟敢讓你難過，你想要反擊，讓他也受苦。你即將引爆一場爭論。但接著你記得要閉上眼睛，深觀無常。你想像三百年後，他將化為塵土。可能不需要三百年，也許三、五十年，你們就會雙雙化為灰燼。你突然領悟到生氣是多麼愚蠢的事。生命如此珍貴。只消花幾秒鐘深觀，就可以看到並體悟無常的本性。無常的智慧會燒盡憤怒。當你睜開雙眼，你就不想再生氣了，只想擁他入懷。你的憤怒已轉化為愛。

在無常的光照下生活

我愛過的許多人已經離世，包括家人和朋友。我還能夠呼吸就是一個奇蹟，而且我知道我在為他們呼吸。每天起床時，我會伸展身體和做一些溫和的晨操，這帶給我許多的幸福。

我不是為了保持身材或健康而運動，
我運動是為了享受活著的感覺。

修習正念運動所帶來的快樂和喜悅滋養我的身心。我所做的每一個動作都讓我感受到能這麼做是如此奇妙。這樣做運動，我享受著擁有這具身體，我感受到活著的喜悅。我接受生命和身體如其所是，我充滿感恩。甚至當我們衰老和經歷病痛，我們仍然能夠從痛苦稍緩的那些時刻受惠。如果你還能夠呼吸，享受你的呼吸。如果你還能夠走路，享受你的走路。如果你能感受到在你之內與周遭的平和與生氣勃勃，你的身心將會受益，而這將有助你擁抱身體的困厄與痛苦。

我們可能怕死，也很難想像自己有一天會變老。我們無法相信有一天我們可能不能走路或站立。如果我們夠幸運，有天我們會老到安坐在輪椅上。深觀這些，我們會珍視每一個腳步，知道未來不會像現在一樣。認識無常讓我們珍惜所擁有的時日。無常讓我們珍惜我們的身體、我們所愛的人，以及帶來此時此刻幸福的因緣。我們能夠心平氣和地好好發揮我們的生命。

呼吸，你是活著的

我愛惜生命所剩餘的時日，
它們太珍貴了，

我發願不虛擲一絲一毫。

我持續不浪擲光陰的修習。無論行走或工作，開示或閱讀，飲茶或與我的僧團一起用餐，我珍惜每時每刻。我活在每一次的呼吸、每一個步伐和每一個行動中，深刻地活著。無論我走到哪兒，我將這些話語和每一個腳步結合在一起。吸氣時，我說：「呼吸，傳奇似的呼吸。」呼氣時，我說：「活在傳奇似的時刻，奇妙的時刻。」幸福就在每一個腳步裡，而且我知道明天我將沒有任何遺憾。

呼吸是一種慶祝，
慶祝活著、仍然活著的事實。

面對難以明言的恐懼

知道我們仍然活著的喜悅，經常含藏著我們不願面對的深深恐懼：對死亡的恐懼。雖然我們不想承認或想起它，但在心底深處，我們知道終有一天我們會死。死亡來臨那天，我們癱倒在地，身體僵硬。我們將不再能夠呼吸，我們將不再能夠思考，我們將不再能夠有任何情緒或情感，我們的身體會開始崩解。每次我們想到死亡時都會覺得不安。我們傾向漠視它。我們可能會否認它。這個恐懼默默地糾纏著我們，在我們沒有意識到的情況下，驅動我們的念頭、話語和行動。

在日常生活中對我們的八身保持覺知，有助轉化我們對死亡根深柢固的恐懼。我們明白有形的身體只是我們的極小部分，我們明白在許多方面我們是延續的。我們不該否認有形身體的無常。在生活中保持這個覺知，有助我們看清如何充分運用時間。佛陀教導過五念（Five Remembrances），也就是在每天結束時持誦的一種深觀修習，可做為減輕我們對死亡的恐懼和提醒我們生命可貴的一項練習。

練習：五念

花點時間慢慢閱讀下列幾行字，在念與念之間稍作停頓，跟隨你的呼吸和放鬆。

我必然會變老，
老化是無法逃避的。

我必然會生病，
生病是無法逃避的。

我必然會死，

死亡是無法逃避的。

一切我所珍視的與每一個我所愛的人必然會改變。
與所愛別離是無法逃避的。

我的行動是我唯一真正擁有的，
我無法逃避行動的後果，
我的行動是我的礎石。

要明瞭實相的究竟維度，我們必須諦觀歷史的維度，也就是我們生活的維度。五念可以讓我們理解死亡的「世俗諦」：我們的身體**確實**經驗了衰老、生病和死亡。但是我們也有宇宙身，記得這件事是很重要的。我們愈是具有無相的智慧，就愈能夠明白「轉化」這個用詞比「死亡」更恰當。當我們依照第四念來深觀無常和無我，我們會開始觸及更深的實相，也就是超越形相的「勝義諦」。雖然死亡可能將我們與所愛的人分離，但深入諦觀，我們就能夠明瞭他們總是以新的形貌繼續與我們同在。根據第五念，我們牢記我們的行動繼續將我們帶入未來，我們將會觸及不生不死、不來不去、不一不異的真實本性。經常持誦五念，有助我們將空性、無相、無願和無常的智慧落實在日常生活中。

智慧的應用

現代化學之父拉瓦錫（Antoine-Laurent Lavoisier）是法國科學家，他提出了「沒有任何事物被創造出來，沒有任何事物被毀滅，一切都在轉變中」。我有時候會想，拉瓦錫是否能夠依照這個真理過日子。拉瓦錫生活在法國大革命的時代，五十一歲死於斷頭台。他有一個很棒且非常愛他的妻子，她也是一個科學家。但我在想，抱持這樣深刻洞見的拉瓦錫，在他走上斷頭台的那一天，是否害怕即將到臨的死亡？

拉瓦錫在他有生之年所提出的洞見和發現，時至今日持續回響。因此他並未死去，他的智慧依舊存在。他以新的樣貌延續著。當我們說沒有任何事物被創造出來，沒有任何事物被毀滅，萬事萬物皆在轉變，這樣的說法同樣可以套用在你的身體、你的感受、你的認知、你的心念、你的心識。

無常和無我

當你深刻感受到無常，你也感受到了無我。無常和無我並非不同的東西。從時間的角度而言，它是無常；從空間的角度來看，則是無我、空性、相即。它們是不同的字詞，卻是相同的東西。我們愈是深刻理解無常，就愈是深刻領會無我和相即。

無常是描述事物本性的一個名詞，無論是對花、星辰、所愛的人或你自己的身體。然而，我們不應該以為無常僅發生於外在，而內在則是永恆的。無常意味著沒有任何事物能夠在兩個相續的時刻裡維持不變。因此，事實上並沒有我們可以稱之為無常的持久的「事物」；說「萬事萬物皆無常」聽起來也不太合理。事實是，萬事萬物僅**存在**一瞬間。

假設我們深觀蠟燭上閃爍的火焰，看似有一個持續的火焰，但事實上我們看到的是一個接一個眾多的火焰。從這一毫秒到下一毫秒，新的火焰從非火焰的成分（包括氧氣和燃料）中接續顯現。火焰朝四方散發光和熱，每時每刻都在進行。我們現在所看到的火焰與前一刻所看到的不完全相同，亦非完全不同。同樣地，我們也總是在變化。我們的受想行識也一刻接著一刻持續改變。每一秒，我們身體裡的細胞，以及我們的感受、知覺、想法和心態，都被下一秒的所取代。

我記得有一次，我們在德國帶領禪修營期間，一對年輕情侶結婚了。隔天我建議他們問問彼此：「親愛的，你和我昨天結婚的那個人是相同的人，還是不同的人呢？」由於無常，我們天天都在改變。我們不是完全一樣的人，亦非完全不同的人。昨天的我和今天的我是不同的。

當我們墜入愛河，難免會想要緊抓著心愛的人。我們想要他們永遠保持不變，我們想要他們永遠愛我們。今天他們說我們充滿吸引力且愛我們，但是明天他們還會說「我愛你」嗎？當我們愛上某個人時，我們總是害怕失去對方。我們的心總是想要守住不變的、永恆的東西。我們想要維持某種方式，也想要所愛的人如此。但這是不可能的。我們雙方時時刻刻都在改變。當我們能夠擁抱無常，就能夠讓彼此改變和成長。從這一天到下一天，我們既不相同，亦非不同。而這是一個好消息。

此時此刻，你是嶄新的，
你心愛的人也是嶄新的，
那是為什麼你們都是自由的。

澆灌種子

當我們明白所愛的人不是一個單獨的自我，而是由許多成分組成，我們就能夠澆灌好的成分，幫助它們成長。對我們自己來說也是如此。我們可以練習澆灌我們希望它能夠成長和轉化的種子。我們的心室就像一座花園，裡頭有各式各樣的種子：有喜悅、平靜、正念、理解和愛的種子，也有渴欲、憤怒、恐懼、瞋恨和健忘的種子。你的生命品質以及你如何行動，端視你澆灌了什麼種子。如果你在你的花園裡種下番茄的種子，番茄將會長成。如果你在你的心裡澆灌平靜的種子，平靜將會成長。當你身上快樂的種子得到澆灌，你的快樂就會綻放。當憤怒的種子被澆灌，你將變得憤怒。經常獲得澆灌的種子將會茁壯，因此你需要當個正念的園丁，選擇性地澆灌那些你希望培育的種子，不要澆灌你不希望它發芽的種子。

每個人都有各自的強處和弱點。我們可能認為「我脾氣暴躁」，或「我是一個可靠的朋友，我是一個好的聆聽者」。我們相信這個特質定義了我們是誰。但是它們不單單屬於我們。他們歸屬於整個傳承之河。

當我們明白我們是由非我的成分所組成，我們就更能夠以理解和慈悲來接受我們所有美善的特質及弱點和短處。

當你投入一段關係，你會擁有兩座花園：你的花園和你心愛的人的花園。首先，你必須照顧好你的花園，精通園藝的藝術。而在我們每個人身上，有花朵也有垃圾。垃圾是內在的憤怒、恐懼、分別心和嫉妒。如果你澆灌了垃圾，將會增強這些負面的種子。如果你澆灌了慈悲、理解和愛的花朵，將強化這些正面的種子。想要栽培什麼，取決於你。

如果你不知道如何在自身的花園裡修習選擇性的澆灌，你將不會有足夠的智慧協助澆灌在你所愛之人的花園裡的花朵。好好培育你自身的花園，有助於培育你所愛的人的花園。甚至只要一個星期的修習就會大不相同。每個人都可以這麼做。所有人都需要像這樣的修習，讓彼此的關係充滿活力。每一次你修習正念行走，將身心投入每一個步伐，將有助於培育你所需要的平靜、喜樂和自由。每一次你吸氣，覺知到你正在吸氣；每一次你呼氣，對你的呼氣微笑，你就成為真正的你。你變成自己的主宰，你是你的花園的園丁。

好好照顧你的花園，
如此你才能夠幫助所愛的人好好照顧他們的花園。

如果你正處於一段困難的關係中，而你想要和對方和平相處，首先你必須回到你自己。你必須回到你的花園，培育平靜、慈悲、感恩、理解和喜悅之花。唯有如此，你才能走向另一個人，給出耐心、接納、理解和慈悲。

當你向另一個人做出承諾時，你也做出了共同成長的承諾。照顧彼此是你的責任。但隨著時間流逝，你們可能會遭遇困境，而你可能因此疏於照顧你的花園。一天早晨你醒來後，突然發現你的花園裡雜草叢生，你的愛早已褪色。但做些什麼永遠都不嫌晚。你的愛還在那裡，你愛的那個人也還在那裡，只是你們的花園需要多些關注。

你的愛還活著嗎？

當你看著你的親密關係，你可能感覺你再也認不得自己曾經愛上的那個人。對方似乎消失不見了，或者變成完全不同的人。每件事都變了。爭執和誤解不斷發生。也許你們思考、說話和舉止的方式都不夠善巧，你們都疏於照顧彼此的關係。由於不善巧的言語和舉動，你們經常無意間傷害了對方，所以你們不再以愛的方式看著彼此與交談。你們深深折磨著彼此。你們曾經共享的愛似乎已經遠去。然而，就像橡實還在橡樹裡，昨天的愛今天也還在。復甦你們的關係，重新找到你曾經愛過的那個人，總是可能的。

以無相之眼深觀，你將看到
你曾經愛上的那個人還在那裡。

曾經有一對法國中年夫婦來梅村拜訪我，告訴我他們的故事。他們剛在一起時，彼此深愛著，互相交流最甜蜜、最溫柔的情書。當年收到書信是一件很特別的事。人們會焦急地等待郵差的腳步聲出現，看看他是否送來信件。他們各自珍藏著對方寫的情書，將它們保存在一個安全的地方，以便一次次反覆閱讀。這位女士將所有的情書收在一個餅乾錫盒裡，然後把盒子藏進她的衣櫃。

剛墜入愛河時，我們只想看著對方，感覺對方就在我們身邊。我們不用吃喝、甚至睡覺，只要望著對方的眼眸，我們就足以活下去。

但是如果我們不知道如何照顧我們的愛、滋養我們的關係，不久之後，看著心愛的人就不會再讓我們感到愉悅。相反地，單是看著對方就會讓我們不好過。我們寧願看手機訊息或電視，儘管我們並不特別喜歡正在播放的節目，還是比關掉電視面對對方來得好。

這就是那對法國夫婦的狀況。這些年來，他們之間的愛已凋零。有一天，丈夫必須出差好幾天。那並非他第一次出差，做太太的冷漠地接受了這件事。後來某天早晨，當她在打掃衣櫃時忽然看到裝有那些老情書的餅乾盒。

帶著好奇，她打開了盒子，開始讀了起來。他的字詞如此甜蜜又溫柔，直中她的心。這些年來，他們的愛的正向種子已經被塵埃給層層覆蓋，但是現在，當她重讀那些信，她心識中的良善種子再一次獲得澆灌。她在伴侶的話語中聽到愛與善意。她又讀了另外一封信，然後再一封。她坐在那裡，讀完盒子裡所有信件。那就像清新的雨滴落在枯槁的土壤上。她思索著他們之間美麗的愛情、所有那些在一起的快樂日子，如今怎麼會變了樣。她回想起自己過去也常常寫情書給他。她過去可以輕聲細語對他說話，充滿愛、接納和理解。

讀完所有的信件，她有股強烈的渴望想要重新牽起她多年前愛上的那個人。因此她坐下來，拿出紙筆，寫信給他。她使用像過去那般溫柔甜蜜的話語。她提到兩人曾一起共度的美好時光，以及他們之間獨特、親密的連結，並且表達她期望能重新恢復他們的愛。她將信裝入信封，放在他的書桌上。

幾天之後，她先生打電話告訴她必須晚幾天回來。她的回答充滿信任與愛，他有些意外。「如果你還需要幾天的時間，沒關係。不過可以的話請早點回來。」她已經好多年沒用這樣的語調和他說話了。

當他回到家，發現書桌上放著信件。他靜默了好一會兒。讀著她寫給他的信，沉睡許久的良善種子獲得了澆灌。當他從房間走出來跟她打招呼時，他已是不同的人。她溫柔、慈悲和充滿愛的話語打開了他的心房。經過這麼久之後，他再度感到被看見、被欣賞和被愛。和解來臨，他們能夠重新發現彼此，重新開始他們的關係，讓他們的愛甦醒。

因爲無常，一切都是可能的

愛是有生命的，需要被滋養。無論我們的愛多麼美好，如果我們不知道如何滋養它，它將會枯萎。我們需要學習如何培育愛的花園，如此一來愛的故事才能悠長。不要認為愛已死去，你愛的那個人並未消失，他還在那裡，等著再度被發現。

生命是珍貴的。你現在正活著，不應該錯過修復和滋養愛的機會。正念可以產生奇蹟。當你能夠發現所愛之人的美妙特質，當你能夠感覺和表達你的感激，當你能夠以愛語和諦聽進行溝通，你將能夠修復你們的愛，重新發現關係中的美好。往後當你轉變成雨時，將沒有任何遺憾。

苦痛與幸福是相互存在的；沒有苦痛，就沒有快樂。克服兩人關係中難熬的時刻，能夠深化彼此的愛。好消息是，苦痛和幸福都是無常的。那正是為什麼佛陀即使在證悟後仍繼續修習；他繼續運用苦難去創造幸福。我們也可以好好運用苦難去創造幸福，就像園丁好好利用堆肥來栽培花朵。

苦難是無常的，
所以我們能夠轉化它。
幸福也是無常的，
所以我們必須滋養它。

第五章

無貪：我們本自具足

一旦我們領悟到，此時此刻我們本自具足，
我們已經足夠，
真正的快樂才變得可能。

快樂的藝術就是深刻地活在當下的藝術。此時此地是我們可以運用生命的唯一時空，我們可以在這裡找到我們在尋找的各種事物，包括愛、自由、平靜與幸福。

快樂是一種習慣，一種修練。藉由正念、專注和智慧，我們能夠不受煩亂與貪愛的束縛，領會到我們現在就有足夠的因緣條件可以快樂。這就是深觀無貪。修習正念呼吸，回到我們自身，照顧我們的身體，一整天都這麼做，能夠免於懊悔過去和擔憂將來。深刻地活在每一個片刻，便可以感受到我們內在和周遭那些奇妙的、令人振奮的以及療癒的要素。

上鉤

觀無貪是修習無相定的另一種方式。我們每個人內在都有許多貪愛。我們總是向外尋找著什麼好讓自己感到滿足和完整，無論是食物、感官的愉悅、金錢、關係、社會地位或成功。然而，只要我們帶有貪愛的能量，就絕對無法對我們所擁有的和我們的現況感到滿足，也就不可能有真正的快樂。貪愛的能量將我們吸入未來。我們失去當下這一刻的平靜和自由，我們覺得唯有得到想要的東西，才有可能快樂。

但即使你真的得到你貪愛的事物，你永遠不會感到滿足。就像一隻啃著骨頭的狗兒，無論你啃咬著貪愛的事物多久，你從未感到滿足。你從未感到本自具足。

貪戀可能變成一座監獄，
讓我們無法得到真正的快樂和自由。

我們可能將生命耗在追逐財富、地位、影響力和感官享樂，認為這些東西可以增進我們生活的品質，結果卻是沒有留下任何時間給生活。我們的生活變成了只是賺錢和成為「誰」的工具。

佛陀用了咬下魚餌的意象。魚兒不知道有個鉤子藏在誘餌裡。誘餌看起來那麼美味，但是魚兒一旦咬下去就上鉤了。我們也是如此。我們追求看起來非常誘人的事物，如金錢、權力和性，卻未理解其中潛藏的危險。為了追逐這些事物我們弄壞了我們的身心，但我們繼續追逐。正如誘餌裡藏著魚鉤，在我們所貪愛的東西裡也藏著危險。只要我們能看到鉤子，無論我們貪愛的是什麼，它將不再具有吸引力，而我們將會自由。

我們本來認為如果我們放下了想要的東西，就會失去許多。但是當你最終放掉了它，你會發現你並未失去什麼。你甚至比以前更富有，因為你擁有自由，你擁有當下，就像農夫為了買田地裡的寶藏而賣掉所有的東西。

智慧讓你自由

我們每個人都有智慧。我們知道我們貪愛的東西並不值得。我們知道我們不想要上鉤。我們知道我們不想要耗費所有的時間精力追逐它。但是我們放不下手，因為我們不知道如何運用智慧。

我們需要花時間停下來，深刻反思我們的處境，看看我們貪愛的是什麼。接著，我們必須認出那個魚鉤。危險是什麼？藏在其中的苦難是什麼？我們得看清楚追求和貪愛這些事物會使我們受苦。

所有欲望都根植於我們原始的生存欲望。佛教不談論原罪。我們談的是原初的恐懼和欲望，也就是在我們出生的過程，在我們奮力呼吸第一口氣的危險時刻，我們所感受到的恐懼。母親不再為我們呼吸了。吸氣是困難的，我們首先得將水從我們的肺裡排出去。假如不能憑己之力呼吸，我們將會死去。我們做到了；我們誕生了。伴隨著出生，我們對死亡的恐懼隨之而生，所以我們必須找人來照顧我們。我們可能感覺無能為力，所以我們學會以各種方法讓別人來保護我們、照顧我們、確保我們的存活。

即使長大成人了，原初的恐懼和欲望依舊活躍。我們害怕獨處或被遺棄；我們害怕變老。我們想要和別人有所連結，想要有人來照顧我們。我們不停地工作，很可能是因為害怕無法生存。我們的恐懼和欲望可能來自祖先們的原初恐懼和欲望，他們遭逢飢餓、戰爭、流離失所等等的苦難，數千年來他們經受了無止盡的困厄，生存是搖搖欲墜、危在旦夕的。

當恐懼、貪愛或欲望產生，我們需要以正念加以辨識，以慈悲之心對它微笑。「嗨，恐懼；嗨，貪愛；嗨，小小孩；嗨，祖先。」隨著呼吸，在當下這個安全的島嶼，我們將安定、慈悲和無懼的能量傳遞給內在的小孩和我們的先祖。

正念帶來智慧，
幫助我們減低壓力和不安。

禪修不只是一處可以幫助你暫別苦難的臨時庇護所。你的精神修習具有力量，能夠轉化苦痛的根源，改變你過生活的方式。智慧可以讓我們平復憂慮不安、壓力和貪愛。也許我們可以開始提倡「智慧減壓」。

你可以自在做自己

有個有趣的故事，發生在多年前越南的一所精神病院。有位病患非常害怕那些在醫院院子裡走來走去的雞群。每次他看到雞就跑開。有一天，護士問他：「為什麼你會這樣做呢？」那位年輕男子解釋說，他認為自己是一顆玉米粒，很怕雞群會吃掉他。於是醫生把他喚進辦公室，對他說：「年輕人，你是人類。你不是一顆玉米粒，看，你有兩個眼睛、一個鼻子、一個舌頭、一具身體，就像我一樣。你不是一顆玉米粒，你是一個人。」那個年輕人同意了。

醫生要求他在一張紙上重複寫下：「我是一個人，我不是一顆玉米粒。」男子將這幾行字寫滿了好多張紙。情況似乎大有進展。每次護士問他：「你是誰？你是什麼？」他總是回答：「我是一個人，我不是一顆玉米粒。」醫生和護士都很滿意。在年輕人要被放出去之前，醫生進行最後一次看診。

當他走向醫生的辦公室時，看到了一隻雞，然後他迅速地逃走了。護士根本抓不住他。最後她終於抓到他，生氣地問：「你在做什麼？你為什麼要跑走？你已經做得很好了。你**知道**你是一個人。」年輕男子回答：「是啊，我知道我是一個人，不是一顆玉米粒，但是雞並不知道啊。」

許多人做事僅僅是為了形式。我們做一件事不是因為我們相信那件事是重要的，而是因為我們認為其他人認為那是重要的。我們唸誦經咒或祈求或稱誦佛號，因為我們認為那和佛陀有關係、對佛陀有意義，而不是因為那對我們來說是有意義的。追逐成功、財富或地位也是一樣，我們會這麼做不是因為我們認為它很重要，而是因為我們認為其他人將它寄望在我們身上。但是當我們真正看清楚這些追求的代價，看到裡面的魚鉤，我們再也不會想要繼續追求。我們知道我們**本自具足**。我們不需要證明任何事。

眞正的快樂

生命的品質和真正的快樂不依賴外在的條件或外在的證明。它們也不仰賴我們擁有多少財富，或是有怎樣的工作或車子或房子。在梅村，沒有任何比丘或比丘尼有私人銀行帳戶或信用卡或薪資，但是我們活得很快樂。若按照北美的標準，我們一點也不正常。但是我們非常樂於簡單過生活，以及有機會幫助他人和為世界服務。

真正的快樂在於我們有能力培養慈悲和理解，為我們和我們所愛的人帶來滋養和療癒。

所有人都需要愛人和被愛。在關係中，我們可能尋求看起來良善、真實和美好的人，以填滿我們的匱乏感。你愛上的人很快會變成你貪愛的對象。但是性欲和愛不同，由貪愛所生的性關係從不能排遣寂寞的感覺，反而是生出更多的苦惱和疏離。如果你想要療癒你的寂寞，首先你必須學習如何療癒你自己，和你自己相處，以及培養愛、接納和理解的內在花園。

一旦你有了愛和理解，你就可以把愛和理解帶給他人。如果我們尚未愛或理解自己，如何能夠責怪他人不愛我們、不理解我們呢？自在、平靜、愛與理解，不是我們可以向外求得的東西。他們已在我們之內。我們的修習是藉由諦觀和諦聽我們自己，讓愛、理解、自在和無懼展現出來。與其追逐貪愛的東西，抑或把我們所愛的人當作貪愛的對象，我們應該花些時間滋養心中的真愛和理解。

真正的朋友是能夠給予平靜和快樂的人。
如果你是你自己真正的朋友，
你就能夠給予你自己，你所追尋的平靜和快樂。

曾經有人請我寫信鼓勵一位名叫丹尼爾的受刑人，他被關在美國喬治亞州傑克森市的死囚牢房。他十九歲時犯下罪行，至今已經被監禁了十三年，幾乎是他整個成長期。他們請我給他一些寬慰的話語，因為死刑執行的日期將至。我寄了一封短信給他，寫道：「你周遭的許多人懷著極大的憤怒、瞋恨和絕望，讓他們無法感受到新鮮的空氣、蔚藍的天空或玫瑰的芬芳。他們也是被關在某種監獄裡。但是如果你修習慈悲，如果你能看到你身旁那些人的苦難，如果你每天試著做些事讓他們受苦少一點，那麼你就自由了。心懷慈悲一天，要比不帶慈悲一百天更有價值。」我們能活多久並不是那麼重要，重要的是如何過那些日子。

憂慮不安

我們都知道憂慮不安的感覺。那與輕鬆自在和舒適安心截然不同；那是一種心理的騷動。我們無法保持平靜。我們做每件事都匆匆忙忙，從一件事倉促地奔趕到另一件事。無論我們在哪裡，我們總是認為我們應該在其他地方。我們甚至連睡覺時都不安穩，身體沒有任何一處感到舒適。我們渴望著什麼、貪愛著什麼的，但是我們不知道那是什麼。我們打開冰箱、查看手機、拿起報紙、聽著新聞——我們做的每件事都是為了忘記內在的寂寞和苦痛的感覺。

我們埋首工作不是因為我們需要錢或是因為我們真的很想要工作，而是因為工作能夠轉移我們內心深處的苦痛。工作所帶來的成就感是一種回報，在我們知道之前，我們已沉溺於工作。或許我們會轉向電影、電視、網路或電子遊戲，抑或我們連續聽上好幾個小時的音樂。我們認為這些事能讓我們感覺比較好過，但只要我們將它們關掉，我們的感覺一樣糟糕，或者更糟。手機或電腦讓我們沉浸於另一個世界，這已經成了一種習慣。我們這麼做是為了生存。但是我們想要的不僅僅是生存。我們想要好好活著。

誠實檢視你的習性是有幫助的。當你打開電視，你確信那個節目是值得看的嗎？當你伸手去拿食物，真的是因為你餓了嗎？你想要逃避什麼？你真正渴望的是什麼？

正念的能量，我們的修行體，幫助我們了解現在浮現的是什麼感覺，以及為什麼我們想要逃避它。扎根於正念呼吸，我們知道不需要逃跑，不需要壓抑痛苦的感覺。我們清楚明白內心發生了什麼事。我們會停下來，擁抱我們的感覺，開始真正地照顧我們自己。

每一個人都需要與我們自己、
與我們所愛的人、與地球重新連結。

我們與大地和我們的宇宙身重新連結；宇宙身就在我們身上，時時刻刻支持著我們。所有人都需要深深的療癒。每一次我們以正念呼吸回到我們的身體，我們就終結了孤絕、疏離的感受，我們將有機會徹底療癒我們自己。

學習平靜地坐著，平靜地呼吸，平靜地走路。
處於平靜是一門藝術，
我們以每日的正念修習加以耕耘。

練習：放鬆的藝術

在難熬的一天當中，或者在你回到家之後，花幾分鐘時間將注意力回到你的身體並放鬆，就可以創造平靜、自在和快樂的時刻。這可能是你現在就想要嘗試的事。只需要十到十五分鐘。

找一處不會被打擾的安靜所在。布置一個舒適的位置，或坐或躺皆可。然後將你的覺知帶回你的身體。你可能想要閱讀下述的指導，跟著它做練習。或者你可以和朋友一起修習，為彼此將下述的指導唸出來。

首先，將你的注意力百分百帶回你的呼吸；吸氣進入身體時，覺察到你的吸氣，你的腹部上升；呼氣時，覺察到你的呼氣，你的腹部往下。你跟隨著吸氣和呼氣出入你的身體。你可以默默對自己說「上」和「下」，這有助於你專注在腹部的起伏。跟隨著你的呼吸，擺脫擔憂和煩擾，如此一來你的身體就能夠開始休息。

我們需要練習讓自己回到我們的呼吸和我們的身體。每當我們將身心合一，我們就與自己和好。

吸氣時，注意全身，無論你的身體處於什麼姿勢。呼氣時，對著你的全身微笑。那應該是真正的微笑。你可能已經注意到你的肩膀、胸部、手臂和雙手有些抗拒或緊張。輕柔地動動身體，讓它伸展，釋放壓力。依舊跟隨呼吸，轉動你的頭，放鬆你的頸項，輕柔地伸展你的背。釋放累積在胸部或腹部、手臂或雙手的壓力。讓身體的每一個部位都徹底放鬆。

吸氣，你感到平靜。呼氣，你感到放鬆。微笑，放鬆臉部所有肌肉。輕輕釋放臉部肌肉的緊繃。

感覺身體和地板或椅子的接觸：你的雙腳、你的腳後跟、你的腿、你的雙肩和你的頭。呼氣，釋放所有的緊張，讓大地承接你全身的重量。傾聽你的身體。以慈愛、悲憫和關懷擁抱你的身體。發送愛和療癒的能量到你所有的器官，感謝它們和諧地運作。發送愛和感激到你身體的所有部位。對每一個細胞微笑。重新和你的身體連結。與它和解。「親愛的身體，很抱歉我讓你失望了。我把你逼得太緊。我忽略了你。我積累了過多的壓力、緊張和疼痛。現在請讓你自己休息和放鬆。」

對你自己微笑。對你的身體微笑。覺察到你頭上的藍天、白雲和星辰，以及你周遭的一切。地球正溫柔地擁抱著你。你完全休息，沒有任何事情要做，也不需要趕到任何地方。你需要的一切就在此時此地，你微笑。

放鬆會給身心帶來幸福。以這種方式修習十到十五分鐘，你會覺得獲得充分休息，再度充滿活力，準備好繼續你的一天。

正念是幸福的源泉

你幸福嗎？你過著心滿意足的生活嗎？如果你現在無法感到幸福，何時能夠幸福呢？幸福不是你可以推延到未來的東西。你必須策勵自己此時此地就要幸福。如果你想要擁有平靜、喜悅和幸福，唯有在當下才能找到。

藉由正念，我們可以學習將任何片刻轉化為幸福的片刻、傳奇的片刻的藝術。它是抵達當下、知道幸福的因緣早已具足的藝術。它也是轉化苦痛的藝術。兩者相輔相成。認識幸福的因緣條件，培養幸福的片刻，有助我們處理和擁抱苦痛。澆灌喜悅和安樂的種子，幫助我們轉化苦痛。

這一片刻幸福與否，取決於你。

是你讓這片刻幸福，而不是這片刻讓你幸福。

保持正念、專注與洞察力，任何片刻都能變成幸福的片刻。

生命的品質取決於你對幸福條件的覺知，那是你現在就可以得到的。你活著。你雙腳可以走路。你有神奇的雙眸；只消張開雙眼享受四周充滿各種顏色和各式形狀的天堂。海底的牡蠣從未見過白晝的蔚藍天空或夜晚的繁星浩瀚。它們從未見過海浪或聽過風聲或鳥鳴。然而這些奇蹟我們垂手可得。可是你有時間看看它們嗎？正念幫助我們抵達此時此地，看見生命的奇蹟就在這裡，在我們之內和我們周遭。

幸福不是寄送來的包裹。
幸福不會從天空掉下來。
幸福是我們憑藉正念滋長出來的東西。

你可能想要拿起一張紙，安靜地坐在某個地方，也許是公園、樹下或你喜愛的任何地點，寫下你早已擁有的幸福條件。你會發現一頁不夠；甚至二、三、四頁都不夠。你可能開始領會到，你比很多人都幸運。你早已擁有能夠幸福的條件，感激和喜樂油然生起。

快樂地活在此時此地

在佛陀的時代，有位成功且慷慨的商人名叫給孤獨（Anathapindika）。他很受人們愛戴，他們給他這個名字，意思是「幫助貧困者的人」。

有一天，給孤獨帶領數百名商人前來聽聞佛陀的開示。佛陀告訴他們快樂地活在此時此地是可能的。或許佛陀察覺到很多商人往往對未來的成功思慮太多。佛陀在開示時說了五次「快樂地活在當下」。他強調我們不必等待更多的因緣條件成就未來的幸福。我們不必為了快樂而尋求成功。生命只在此時此刻，我們已經擁有幸福的條件。我們可以修練自己不斷將注意力帶回當下。

快樂地安住於當下的藝術，
是我們這個時代最需要的修習。

當第一

許多人都想望成功。我們想要在我們的領域表現傑出。我們想要當第一。然而，如果你想要當第一，你必須投入所有時間和精力在工作上，最後會犧牲掉與家人和朋友相聚的寶貴時光，也犧牲了與自己相處的時間。經常甚至還會犧牲掉你的健康。在奮鬥拚搏當第一的過程中，你犧牲了你的快樂。但如果你不快樂，成為第一意義何在呢？

你必須做抉擇。
你想要當第一，

或者你想要快樂？

你可能成為成功的受害者，

但是你從不會成為快樂的受害者。

追求快樂之道，你會更容易獲得工作上的成功。如果你比較快樂，內在比較平靜，工作往往也可以做得更好。但你必須把快樂當作優先的事。一旦你如你所是地接受你自己，你就能夠讓自己快樂。你不需要變成其他東西或其他人，就好比一朵玫瑰不需要為了快樂而變成一朵蓮花。身為玫瑰，早已美麗。你已如你所是地不可思議。

每一刻皆是一顆鑽石

在梅村的一個冬日早晨，我在我的小屋已準備好要進行開示。距離預定開始的時間還有十分鐘。十分鐘是多是少，取決於我們怎麼過。我穿上長袍，走進浴室洗把臉提振一下。我稍微旋開水龍頭，讓幾滴水流出來，一滴接著一滴。當冷冽的水滴慢慢落下，好像融化的雪掉在我的掌上。它們是如此清新和涼爽，喚醒了我。我揚起水滴，享受它們落在我臉上的清爽。它們就像來自遙遠的喜馬拉雅山頂的雪花，經過數千哩的漫長旅程抵達我的林中小屋。現在它們落在我的臉頰、我的前額、我的眼睛。我清晰地看到積雪蓋頂的山巔。在水中看到雪花的臨在，我笑了。

我沒有想到幾分鐘後要做的開示。我也沒有考慮未來的任何事情。我只是快樂地安住於當下，體驗這些水滴輕柔地落在我的臉上。

我獨自一人在小屋裡，但是我在笑。那不是禮貌性的微笑，那裡沒有人可以看到。我穿上外套，走出小屋，走向禪堂。我驚嘆於草地上閃耀的露珠。伴隨著我踏出的每一步，我覺察到露珠與剛剛潑在我臉上的水滴並無不同。

無論我們去哪裡，我們都可以與喜馬拉雅山的雪花相遇。無論我們做什麼，不管是在洗臉、在晨霧中漫步穿越露珠，還是仰望天空和雲朵，我們都能夠看到山上的雪總是在我們之內和我們四周。

我們知道我們的身體大約百分之七十是水。事實上是百分之七十的雪。

我們都需要精神生活。藉由正念，我們能夠看到周遭的詩意和美感。我們能夠看到生命的奇蹟。我們能夠與我們的宇宙身深刻交流。每一秒、每一分、每一小時，都變成一顆鑽石。

時間就是生命

一早醒來時，你可以選擇你想要如何開始你的一天。我建議你以微笑開始一天。為什麼是微笑呢？因為你活著，而且你有嶄新的二十四小時在你面前。新的一天是生命給你的禮物。慶祝這一天，發願要深刻地過這一天，不浪費這一天。

每一天都充滿著神奇的行動——我們走路、呼吸、吃早餐、上廁所。生活的藝術是知道如何在任何時刻都生成快樂。沒有其他人能為我們創造快樂；我們必須自己去創造它。保持正念和感恩之心，我們即刻就能夠快樂。

當你刷牙時，你可以選擇正念地做這件事。僅僅將注意力放在刷牙即可。你可能會花上兩、三分鐘的時間刷牙，你可以將這幾分鐘轉化為快樂和自由的片刻。刷牙的時間並不是失去的時間。它也是生命。不要只想把它做完。享受正念，專注於刷牙的動作；不需要匆匆忙忙。放鬆並享受刷牙這件事。當你這樣做，你在這個當下與自己相遇，與你的生命深刻地交會。

當我刷牙時，我享受著在我這把歲數了都還有牙齒可刷。覺察到這件事，就足以讓我感到快樂。我們每一個人都能夠以這種讓自己快樂的方式刷牙。我們也可以享受上廁所的時光。我們是生命之河的一部分，歸還地球給予我們的東西。正念可以將最世俗的行動轉化為神聖的行動。任何片刻都能夠變成我們和生命深刻交會的有意義的片刻，不論我們正在洗碗盤、洗手，還是走路至公車站。

當你吃飯時，珍惜吃飯的每一個片刻。正念、專注和智慧將告訴你吃飯的這個片刻是特別的，有食物可吃是不可思議的。

每一片麵包和每一粒米，都是整個宇宙的禮物。

通常我們在吃飯時都沒有意識到我們正在吃什麼，因為我們的心沒有臨在。我們心不在焉。我們往往不是在吃我們的食物，而是在吃我們的擔憂和我們的計畫。吃飯時，將思緒擺在一旁，品嚐食物的味道，享受食物和周圍的人。關掉電視或收音機；將手機、報紙或其他任何可能讓你分心的事物擺到一邊。像這樣吃東西，你不僅被食物所滋養，也被吃飯時所感受到的平靜、快樂和自由所滋養。

發現之道

當你面對生命中艱鉅的挑戰和困境時，可能難以體會到這些簡單的喜悅。你會感到懷疑：「這一切到底有什麼意義？」在你生病時，或者你所愛的人生病或離世時，抑或你被絕望給淹沒，生命似乎失去意義時，你可能會這樣問。

我們總是可以做些什麼來滋養我們的快樂和照顧我們自己。即使在某個時刻我們無法感受到深刻的幸福，但我們還是可以增加百分之五或百分之十的快樂。而那已經很好了。禪修不僅是發現生命的意義，也是療癒和滋養我們自己。練習禪修可以釋放我們對生命意義的想法。

當我們滋養和療癒我們自己，
我們對生命意義的領悟也將一天天深化。

有一種正向的心理狀態（行）稱為「輕安」（ease）——安詳和平靜，猶如靜謐山湖中的止水。除非我們感到輕安，否則我們不可能快樂，不可能滋養和療癒自己。輕安自在是最珍貴的事，比任何其他追求都來得珍貴。

我們所有人都有能力靜下來，處於輕安。但如果我們沒有持續滋養它，輕安的能量可能不夠穩固。你能夠找到你感到輕安的那些時刻嗎？你能在你的生活中創造出更多的輕安時刻嗎？

我們能夠以令人愉悅且平靜的方式吸氣和呼氣。呼吸時感到喜悅、快樂和安詳，我們就能夠停止奔趕，抵達當下這一刻，療癒自然就會發生。但是如果我們在呼吸時還想著要獲得什麼，即使那個東西是健康或自制，我們依然未停下奔趕。我們可以讓自己擁有安詳——就**是**內心的安詳。

練習：坐的藝術

有一門身體靜坐的藝術，它能夠幫助你感到放鬆和輕安。它可能需要一些修練，但你做得到的。你確實有能力體驗到定靜；你確實有能力感受到安詳。我們每個人都有一具佛身；我們只是需要給我們自身的佛陀一個機會。

對許多人來說，靜靜坐著會讓人覺得不安，好像是坐在點燃的煤炭堆上。但是藉由一些修習，我們將能夠善巧地馴服不安的身心，平靜地坐著。一旦有了輕安自在，就有療癒與平安。無論我們坐在哪兒，就好像是坐在戶外的草地上，沐浴在和煦的春風中。

我為什麼要修習坐禪呢？因為我喜歡坐禪。如果你不喜歡，做了也沒有意義的。它並非苦差事。每一次呼吸都能帶來平靜、快樂和自由。坐下來什麼也不用做，就是一門藝術。它是無為的藝術。你毋須做任何事。你毋須逼自己坐。你毋須費心竭力感到平靜。將注意力放在呼吸上，就像陽光照耀著花朵。陽光不需要將自己強加在花兒身上，抑或改變花朵。太陽的溫暖和能量會自然地滲入花兒。你就坐在那裡，享受著吸氣和呼氣。

你可以稍微調整一下姿勢，背打直，雙腿自然擺放，放鬆肩膀，給肺部足夠空間。像這樣坐著，讓呼吸自然流動，讓身體徹底放鬆。療癒伴隨著放鬆而來。沒有放鬆就沒有深刻的療癒。你需要學習如何輕安自在，如何無為。

坐禪是文明的舉止。這些日子以來我們都太忙了，
我們甚至沒有時間好好呼吸。
花點時間靜靜坐著，培養平靜、喜悅和慈悲——
那就是文明。它是無價的。

僅僅坐在那兒，什麼都不用做。覺知到你坐在一顆非常美麗的星球上，在眾多

繁星中旋轉。你正坐在地球的大腿上，你的頭頂上有數千萬億顆星星。如果你能坐望著那景緻，還需要為了其他什麼而坐嗎？你和宇宙是連結的，你的快樂是浩瀚無垠的。

第六章

放下：轉化和療癒

當我們知道如何受苦的藝術，我們會較少受苦。
我們能夠運用痛苦的泥淖長養愛與理解的蓮花。

充分且深刻地過生活需要勇氣。如果我們無法在此時此地就幸福，我們需要問問自己為什麼。如果我們難以在生活中感受到平靜和宇宙的奇蹟，一定是有什麼擋在路上。我們得找出是什麼擋住了去路，是什麼壓得我們喘不過氣來，或是把我們從當下這一刻拉走。

快樂生活的藝術也是轉化苦痛的藝術。如果我們想要快樂，必須找出是什麼讓我們無法快樂。通往快樂的道路就是遠離苦痛的道路。有時候我們感到痛苦卻不敢對自己承認，更不用說對其他人。然而，唯有面對痛苦，才能找到出路，也就是通往幸福快樂的道路。

禪修者是藝術家也是勇士。

我們需要運用創造力和勇氣，克服讓我們無法獲得快樂與自由的阻礙。我們好像被纏住了。我們纏住自己，或讓別人纏住我們。我們可能甚至活得好像在說：「請纏住我！」我們需要來自禪修的洞見以及如戰士般的勇氣，突破修行道上的障礙，切斷束縛我們的繩子。以越南和中國的第一位禪師康僧會（Tang Hoi）的話來說，「放下是英雄之舉。」

解開你自己

我們可能被我們的計畫、工作和快節奏的生活方式給困住了。我們可能陷入貪愛或憂慮不安。我們可能被悲傷、憤怒或恐懼給纏住。我們的整個生活可能被憤怒和恐懼的繩索給捆綁著，或者被我們擺脫不了的嫉妒給壓得喘不過氣來。與親友的關係可能因誤解的蕁草蔓生而被掩沒。抑或我們沉溺於追求地位、金錢或感官享樂。所有這些事情都讓我們感受不到此時此地就可以感受到的快樂、平靜和自由。

要解開自身的繫縛需要勇氣和決心。我們需要勇氣去改變謀生方式，使其更符合我們最深的價值和想望。我們需要決心不被超載的計畫給拖著走，它們讓我們疏忽了自己和所愛的人。我們需要勇氣與伴侶、朋友或家人一起坐下來，開啟交流。

每個人都需要找出束縛自己的繩索，如此才能斬斷繩索，讓自己自由。我們必須找時間坐下來，誠實地問自己是什麼在束縛著我們。單單希望能解開繩索是不夠的，我們需要理解為什麼這些繩索會捆住我們，才能解開它們。

你還有多少時日可活？什麼東西重要到可以擋住你深刻且快樂地過生活？當你弄清楚自己的優先順序，就能夠放下你一直背負著的不安、挫折、焦慮和憤慨。

很少有人真正的自由。我們都太忙了。即使我們有萬貫錢財，即使我們名聞遐邇且富影響力，沒有內在的自由，就無法真正地快樂。我們最渴望的就是自由。

每個人都有各自對快樂的想法。有人可能認為快樂得依靠工作、房子、車子或生活在一起的人。或者有人可能認為為了要快樂，我們必須排除生活中的這個或那個。有些人認為如果某個政黨執政，我們就會快樂。但是這些僅是我們為自己創造出來的想法。如果我們放下我們的想法，就能夠讓自己立刻感受到快樂。我們對於快樂的想法可能正是阻擋在快樂之路上的那個**障礙**。

放下

你已經在一張紙上列出了你所擁有的快樂的條件。現在請你拿起另一張紙，找一處安靜的地方坐下來，列出一切會束縛你的事物，也就是你需要放下的事物，包括你對於快樂的想法。只要列出你想要釋放的，你就會感覺輕鬆些。你能夠放下的愈多，你就會感到愈輕鬆自由。

放下是喜悅和快樂的源泉，但是放下需要勇氣。假設你生活在一個繁忙、受汙染的城市，而你想要離開去度個週末。你可能說你想要逃離，但是你從未真的離開，因為你放不下這座城市。你被束縛在城市中，因此你從未看見綿延的小丘和森林、海灘和群山、月亮和星辰。當某位朋友總算幫助你離開了，一旦你拋開城市，你會很快就感到自由。你開始感覺到清新的微風輕拂你的臉龐，你見到了廣袤的地平線，你立刻感覺好多了。這就是放下的喜悅，將束縛拋諸腦後的喜悅。

轉化苦惱

有時候阻礙我們感到快樂的東西，不是我們可以輕易斬斷或放下的。悲傷或絕望的深刻情感可能已經扎根在我們心裡，我們需要勇士的無懼和藝術家的技藝來轉化它。我們可以向我們的佛身、修行身、僧團身尋求庇護，幫助我們轉化。

一九五四年，我的故鄉越南分裂為北越和南越。戰爭仍打得猛烈，看不到終點。時值我母親過世，那對我是非常痛苦難熬的時日，我陷入深深的憂喪。醫生幫不了忙。唯有透過修習正念呼吸和正念行走，最終我才能夠療癒。

我的經驗告訴我，正念呼吸和正念行走的修習有助於克服抑鬱、絕望、憤怒和恐懼。每一個步伐和每一次呼吸都能夠帶來療癒。如果你陷入憂鬱，試著練習全心全意地覺知呼吸和走路。即使只修習了一個星期，就足以轉化你的苦痛，讓你體驗到放鬆。不要放棄。保持專注於呼吸和走路。相信你本具的無懼和韌性。醒覺和慈悲的種子將會幫助你度過難關。

面對個人危機或因憂喪而受苦時，我們可能會覺得生命本身就是問題所在。我們可能認為如果能夠以某種方式甩掉這具身體，那麼我們將不再受苦。我們想要擺脫人世間的紛紛擾擾，為的是去到一個不再有苦難的地方。但是我們明白這是不可能的事。出生和死亡並非它們表面所顯現的那樣。「生存還是毀滅，那是個值得思考的問題。」

在世俗諦的層面，有誕生和死亡；在勝義諦的層面，存在或不存在不再是問題。關於空性、無相、無願和我們的八身的教法告訴我們，我們遠遠比這具身體多得多。沒有單獨的自我實體能夠離開這具身體而前往一個有完美幸福的地方，一個免於受苦的地方。

安詳、自在和快樂可以在此地、在此生被找到，

只要我們能夠學習面對苦痛的藝術。

因為這一具身體，因為還活著，我們有機會療癒和轉化我們的苦痛，感受到真正的快樂和生命的奇蹟。無論我們能夠做什麼去療癒和轉化自己，皆有助於一個更美好的延續身，不僅是為了我們自己，也為了我們的祖先。

誰在受苦？

當絕望排山倒海而來，我們要能夠放下一個觀念：我們的痛苦就是我們自身，我們的身體就是我們自身，這具身體屬於我們。相即和無我的智慧是有益的。沒有單獨的自我並不表示我們不會受苦。當受苦的因緣條件聚合在一起，苦痛就會生起。我們感受到它，體驗到它。當條件不再充足，苦痛就會止息。好消息是苦痛是無常的。不需要有個受苦的單獨自我實體。

事實上，當我們的苦痛非常巨大時，我們可以確定它不只是我們自身的苦痛。它可能是我們的父母、祖父母或曾祖父母傳遞給我們的。他們可能從未有機會學習如何轉化苦痛和磨難，因此這個苦痛已經延續了好多世代。你很可能是你們家族中第一個接觸這個有助於認識和照顧苦痛的教法和修習的人。

當我們能夠轉化我們的苦痛，
我們不僅是為了自己而做，
也是為了所有的先祖和後代子孫。

知道你正和他們一起做且為他們而做，能夠給你克服難關的勇氣和力量。我們知道我們正在為未來長養一個好的延續身。

我們的身體並非我們個人的財產；它是集體的。它是我們祖先的身體。在我們的身體中，有我們的父母、我們的國家、我們的同胞、我們的文化和整個宇宙。如果我們被絕望給壓垮了，可能會認為毀滅我們的身體是有用的。然而相即的智慧告訴我們，毀滅我們的身體將會殺死在我們身上的父親、母親和先祖們。讓這個非我們獨有的苦痛穿過身體是可能的。苦痛是無常的。一點一滴地，憑藉著無懼和毅力，它能夠被轉化。

挺過風暴

我們可以運用呼吸去擁抱強烈的情緒，體驗到放鬆。我們是如此巨大，情緒只是我們的一部分；我們遠比我們的情緒還要多更多。一個強烈的情緒就像是一場風暴來臨，盤旋一會兒就過去了。每個人都必須學習如何挺過風暴。練習腹式呼吸很重要。每當一個強烈的情緒出現，好比憤怒、恐懼、悲傷或絕望，我們都應該立刻回到我們的呼吸，照顧我們內在的強烈風暴。我們就像一棵處於暴風中的樹木。樹木的枝枒在狂風中猛烈搖晃，但是樹幹和樹根堅定而穩固。運用腹式呼吸，將我們的心帶回我們的樹幹、我們的腹部，在那兒是平靜且穩定的。我們不該逗留在高處的枝枒，在那兒我們會被吹散。

不管是坐著、站著或躺下來，將你的注意力放在你的腹部，專注於你的吸氣和呼氣，以及腹部的起伏。不要去想是什麼引發了風暴，只要跟隨你的呼吸，專注在腹部。經過五分鐘、十五分鐘，情緒的風暴將會過去。你的心將會重建明晰和平靜。

你可以在任何時間、任何地點做腹式呼吸。無論何時，當你需要坐著等待幾分鐘時，與其拿起手機，何不邀請你自己專注於你的呼吸？這是一種鍛鍊修行身的方式，不用多久，將心帶回呼吸將會變成一種習慣反應，在你面對艱鉅時刻時可以拯救你。在你遇到小困難和一般挑戰時，也可以練習腹式呼吸。那麼當情緒的大風暴來襲時，你的修行身將會在你最需要時支持著你。

察覺和擁抱苦痛

我們不應該害怕受苦。我們應該害怕的只有一件事，就是不知道如何處理我們的苦痛。處理苦痛是一門藝術。如果我們知道如何受苦，所受的苦就會少得多，而且我們不會再害怕被內心的苦痛給壓垮。正念的能量能夠幫助我們察覺、承認和擁抱苦痛的存在，如此就已經能夠帶來些許平靜和放鬆。

當一個痛苦的感覺生起，我們經常會試圖壓抑它。我們對於顯露痛苦感到不安，我們想要將它壓下去或加以掩飾。但是身為一個正念的修習者，我們允許痛苦表現出來，因此我們可以清楚地察覺它並擁抱它。這麼做將會帶來轉化和解脫。我們必須做的第一件事，是接受我們身上的爛泥巴。當我們察覺並接受了不好的感受與情緒，我們會感到更平靜。當我們明白泥淖是能夠幫助我們成長的東西，我們就較不會害怕它。

當我們受苦時，我們邀請來自心識深處的另一股能量現身：正念的能量。正念能夠擁抱我們的苦痛。它說：「嗨，我親愛的苦痛。」這是察覺苦痛的修習。「嗨，我的苦痛，我知道你在那裡，我會照顧你。你不需要害怕。」

現在我們的意識中有兩股能量：正念的能量和痛苦的能量。正念要做的首先是察覺苦痛，然後溫柔且慈悲地擁抱苦痛。運用正念呼吸。吸氣時，默默地說：「嗨，我的苦痛。」呼氣時，你說：「我在這裡支持你。」我們的呼吸包含了苦痛的能量，因此當我們溫柔且慈悲地呼吸，我們也溫柔且慈悲地擁抱了我們的苦痛。

當苦痛出現時，我們必須為它而在。我們不應該逃避它，或以買東西或娛樂消遣的方式來掩蓋它。我們應該察覺它並擁抱它，像母親充滿慈愛地將一個哭泣的嬰兒擁入懷中。母親就是正念，哭泣的嬰兒則是苦痛。母親具有溫柔和慈愛的能量。當嬰兒被母親擁抱時，他感到被撫慰，苦痛立刻減少了，即便做母親的都還不知道他為何而哭。單單是母親的擁抱就足以減輕嬰兒的苦痛。我們不需要知道苦痛來自何處。我們只需要擁抱它，那就已經能夠帶來安慰。當我們的苦痛平緩下來，我們知道我們將會度過它。

當我們回到我們自身，伴隨著正念的能量，
我們將不再害怕被痛苦的能量給壓垮。
正念給了我們力量去深觀，生出理解和慈悲。

擁抱我們的苦痛和磨難是一門藝術。它需要練習和學習。身為禪修者，你是一個藝術家，擁抱苦痛的藝術對你是特別的。對於如何處理苦痛的感受，你可以充滿創造力。你可能想要塗鴉、畫畫、傾聽鼓舞人心的音樂或寫一首詩。我的一些極富美麗意象的詩，就是在我遭逢巨大苦痛的時刻所寫的。寫這些詩是滋養和撫慰我自己的一種方式，如此我才不會失去平衡，有力量繼續我的任務。

當我經驗到不好的感受時，我經常選擇想起美好、正向的回憶，以此撫慰自己，澆灌意識中希望的種子。這個回憶可能是我在梅村最喜歡的雪松，或一個少年快樂地笑著玩著。這是耕耘心田的一種方式。善種子的正面能量會讓心感到歡喜，擁抱並穿透痛苦的感受。當悲傷或絕望的能量出現時，什麼是你能夠召喚的正向記憶或經驗，以此擁抱和平衡悲傷或絕望的能量呢？

帶著你的苦痛去走一走，讓它被大地、藍天、陽光和每時每刻環繞在你四周的生命奇蹟所擁抱。生命不只有受苦。你還要記住生命的奇蹟就在那裡。當你與你的身體同在，與你的呼吸同在，與你的苦痛同在，你讓地球母親和你的宇宙身擁抱你的苦痛。你讓生命的奇蹟撫慰你、振奮你、為你帶來些許解脫。

一個療癒的臨在

當你知道如何慈悲地處理與擁抱你的苦痛，你也會知道如何幫助受苦的人，不論是身體或情緒的苦。如果你擁有平靜和善待自己的能量，那麼你也可以帶給其他人這樣的能量。當你坐在他們身邊，他們能夠感受到你臨在的能量。他們能夠感受到你的慈悲和關懷。你不需要做什麼或說什麼。

你的臨在已經改變了境況。

你就像一棵樹。你可能以為樹什麼事也沒做，但是當你觸摸它或坐在樹下，你可以感受到它的能量。樹有一股能量。它只是站在那兒，做它自己，而那已是如此令人振奮、如此滋養與療癒。

有時候看著他人受苦可能會讓你感到無能為力。看起來像是你無法幫助對方。然而，事實上，藉由呼吸和放鬆身體，你能夠產生和保持平靜的能量，並且擁抱你自身無能為力的感覺，也就是說你正在照顧你這棵樹木的能量。而讓正在受苦的人體驗到好的臨在與陪伴，已是充滿支持和療癒。

很多人希望做些事以減少世間的苦難。我們看到周遭有太多暴力、貧窮和環境破壞。但如果我們自身是不安的，如果我們沒有足夠的慈悲心，我們就無法提供幫助。我們自己是中心所在。首先我們必須使自身平靜，減少我們的苦痛，因為我們就是世界。和平、慈悲與安樂得從我們自身開始。當我們能夠和自己和解，能夠擁抱和轉化我們的苦痛，我們也就照顧了世界。不要認為你和世界是兩個不同的東西。任何你為自己所做的事，就是你為世界所做的。

練習：受苦的藝術

如果你想要理解你的苦痛，首先你必須讓自己靜下來。你要以慈悲心擁抱你的苦痛，然後你才有機會諦觀你的苦痛，明瞭苦痛的根源並轉化它。

不要逃離

我們知道我們的內心有苦痛，但是我們不想要回到內心並聆聽它。我們害怕苦痛、悲傷和絕望會將我們給壓垮，因此我們試圖從自身逃離，而且壓抑它。然而一旦我們逃開了，就沒有療癒和轉化的機會。因此，受苦的藝術的第一步就是運用正念的能量，為你的苦痛而在。你的修行身、你的正念呼吸，以及正念、專注與智慧的能量，能夠給予你勇氣和定力去察覺、處理和擁抱正在發生的一切。

避免第二支箭

有人被箭射中了，他很痛苦，但假如第二支箭又射中那個人的同一個位置，痛苦會是十倍大。你的苦痛是第一支箭，而第二支箭則是你的氣惱、憤怒、抵抗，以及對發生之事的反應。第二支箭可能是你的恐懼，它會想像比目前的情勢更糟糕的處境；它可能使你無法接受你正在痛苦這件事，抑或它可能是你的挫敗感或懊悔。你必須冷靜下來，如其所是地清楚察覺你的苦痛，不因其他擔憂而加以誇大。

察覺根源

當你以正念擁抱你的苦痛，你會發現你的苦痛裡攜載著你的父親、你的母親和你的先祖，以及你的同胞、國家和世界的苦痛。我們許多人可能經驗過難以理解的極度悲傷、恐懼或絕望。我們不知道那些感覺來自何處。當你深入諦觀，你就能夠看到那可能是你的祖先傳下來的根深柢固的痛苦。這樣的理解可以幫助你轉化苦痛，減少你所感受到的苦痛和絕望。

沒有食物一切都無法生存。對苦痛來說也是如此，對愛來說也是如此。如果你的煩惱、悲傷和抑鬱已持續一段時間，一定是有什麼在餵養它。每天我們都在大量攝入我們的念頭，我們還攝入電視、音樂、對話，甚至集體意識和周遭的環境，而那些可能是有毒的。要留意和深刻地反思，弄明白這些成分是否正在餵養你的苦痛。當我們開始改變我們思考、說話、行為和消費的方式，我們就可以把這些食物的來源給切斷並連根拔起，那麼我們的苦痛將日漸死去。當它死去，它就變成了堆肥，可以滋養我們內在的花園裡新生的理解和慈悲之花。

苦痛的眞諦

維持強健、不受任何苦痛與疾病所折磨，是非常誘人的想法。我們許多人都希望永遠不用經受嚴峻的困境或挑戰。然而，我自己的經驗是，倘若我沒有遭遇艱鉅的困頓和磨難，我絕對無法在修行之路上成長；我也不會有機會去療癒、轉化及感受如此深刻的平靜、喜悅和自在。如果我們沒有經歷磨難，如何能夠生出理解和慈悲呢？慈悲是從理解苦痛而來，沒有理解和慈悲，我們就不會是一個快樂的人。

我非常關心我的學生，但我從未想過送他們去沒有苦痛的天堂或任何地方。我們不能在一個沒有苦痛的地方創造出幸福；正如沒有泥淖就培育不出蓮花。快樂與平靜是來自轉化苦難。如果沒有爛泥，蓮花如何生長？蓮花不可能生長在大理石上。

第七章

涅槃就在當下

涅槃是一種清涼的愉悅狀態，
我們所有人都能在此生觸及。

運用正念、專注和智慧轉化我們的苦痛，我們就能在此時此地觸及涅槃。涅槃不是在遙遠未來的一個遙遠之地。

「涅槃」（Nirvana）這個詞源自古印度的鄉下方言。在佛陀的時代，就如同今日世界的很多地方，鄉下人以稻草、糞便、木頭、甚或米糠生火烹調。每天早晨母親做的第一件事，就是生火為即將到田裡工作的家人準備早餐。她會把手伸至前一晚的灰燼上，看看是否還有餘溫。如果有的話，她只需再添一些稻草或細枝條，就可以重新燃起火苗。但若火苗已經熄滅，灰燼完全冷卻，把手伸入灰燼中會覺得清涼舒爽。

佛陀用「涅槃」這個詞形容痛苦的火焰冷卻後那種令人愉悅的經驗。我們許多人正在貪愛、恐懼、憂慮、絕望或悔恨的火堆中燃燒著。我們的憤怒和嫉妒，甚或我們對於死亡和失去的看法，都會在我們內心熊熊燃燒。但是當我們轉化了我們的苦痛，除去錯誤的知見，我們自然就能夠觸及令人神清氣爽的寧靜。這就是涅槃。

我們的苦和涅槃之間是息息相關的。若我們未曾受苦，如何覺察涅槃的寂靜？

沒有受苦，就沒有從苦難而來的醒覺；正如沒有燒紅的煤炭，就不會有冷卻的灰燼。受苦和醒覺是一起的。

當我們學習處理我們的煩惱，
我們就在學習生成涅槃的片刻。

涅槃不必是什麼偉大的東西，不必是我們需要耗費一生修行，希望有天可以體驗到的東西。我們每個人每天都能夠觸及涅槃的片刻。假設你正打赤腳走路，你意外踩到荊棘，十幾根刺插入你的腳。你立刻就失去了平靜和快樂。但是只要你能夠除去一根刺、接著另一根，你會開始感到放鬆——你有了些許涅槃。你除去的刺愈多，得到的解脫和平靜就愈大。相同地，卸下苦痛就**是**涅槃的臨在。當你察覺、擁抱和轉化你的憤怒、恐懼和絕望，你就開始體驗涅槃。

觸及涅槃

佛陀教導我們以我們這個身體享受涅槃。我們需要我們的身體，我們需要我們的受想行識，為的是觸及涅槃。我們能夠以我們的雙腳、雙眼、雙手觸及涅槃。因為我們以人類的身體活著，我們才能夠經驗火焰冷卻和生成涅槃的片刻。

當我們冷卻憤怒的火焰，理解它的根源，憤怒就轉化為慈悲，這即是涅槃的體驗。當我們體驗到行禪的平靜自在，我們就觸及我們的宇宙身；我們觸及了涅槃。當我們停止奔趕，放下對未來的擔憂和對過去的懊悔，回到當下這一剎那，享受生命的奇蹟，那就是我們觸及涅槃的剎那。

透過當下這一刻與歷史維度深刻接觸，我們能夠觸及究竟。歷史和究竟維度並非分別的存在。當我們觸及我們的宇宙身，即現象界，我們就能夠觸及究竟：實相自身（reality-in-itself）的境界。

當我們從究竟的角度觀看現象界，我們會看到若無死，即無生。如果沒有煩惱，就不可能有快樂。沒有泥淖，就不可能有蓮花。它們相互依存而顯現。誕生和死亡僅是歷史維度的概念，並非實相在究竟維度的真實本性——那樣的本性是超越所有的想法與概念，所有的符號與表相。在究竟的維度裡，無生無死、無煩惱無快樂、無來無去、無善無惡。當我們放下所有的知見和概念，包括「我」、「人」、「眾生」、「壽命」的想法，我們便觸及了實相自身的真實本性；我們觸及了涅槃。

涅槃是究竟的維度。它是熄滅和放下所有的想法和信念。諦觀空性、無相、無願、無常、無貪和放下，有助我們進入實相的真實本性。深觀我們有形的身體和現象界，我們就能觸及涅槃，也就是宇宙的真實本性，我們的神身的真實本性。我們會體驗到平安、快樂與自在無懼。我們不再害怕生與亡、有與無。

鳥兒享受在天空中翱翔，鹿兒享受在森林間漫遊，智者享受安住於涅槃。我們不必到遠處尋找涅槃，它是在當下這一刻我們的真實本性。你無法從自身中除去究竟。

觸及涅槃就是在我們的日常生活中，
領悟無生無死的洞見。

涅槃不是永恆的死亡

許多人誤以為涅槃是指我們死後進入的一種至樂狀態或是一處地方。我們可能聽過一個說法：「佛陀離世後進入涅槃。」聽起來涅槃像是一處我們死後去的地方。但這是相當誤導的說法，會產生許多危險的誤解。這像是說當我們活著時，無法觸及涅槃；為了到那裡去，我們必須死去。但這並非佛陀所教導的。

有一次我在馬來西亞進行弘法之旅。當我們乘車經過吉隆坡時，看到看板上有個自稱涅槃的佛教殯葬禮儀公司的廣告。我認為將涅槃和死亡混為一談，對佛陀很不厚道。佛陀從未認為涅槃等同於死亡。涅槃與此時此地的生命密切相關。西方佛教學者對於佛教最大的一個誤解，是將涅槃定義為一種「永恆的死亡」，終結了輪迴。這是對涅槃奧義的嚴重誤解。為什麼會有數百萬人跟隨一個教導永恆死亡的宗教呢？永恆死亡的想法依然陷於有與無、生與死的概念，但實相的本性是超越所有這些概念。唯有當我們活著才能觸及涅槃。我希望有人能夠說服那家禮儀公司改名。

相即的實相

以相即的智慧，我們明白世上沒有任何事物單憑自身而存在，包括我們的身體。所有事物皆相互依存。如果沒有髒汙，如何能夠潔淨完美？沒有煩惱，不可能有快樂。沒有邪惡，也不會有良善。如果沒有煩惱，我們如何能夠諦觀煩惱而生出理解與愛？若沒有煩惱，如何能夠生出洞見呢？若沒有錯誤，我們如何能夠知道什麼是正確的？

我們說：「神是美善；神是愛。」倘若如此，是否意味著神不在那些沒有美善和愛的地方？這是個大哉問。根據佛法，我們可以說實相的究竟本性，即神的真實本性，超越所有的概念，包括善惡的概念。任何減損的說法都會減損神。

面對造成數千人死亡的毀滅性天災，有人會問：「既然神是善的，為何會允許這樣的苦難？」

當我們看到戰爭、恐怖攻擊、天災、地震、海嘯或颶風的新聞，可能會覺得非常絕望。實在沒有道理，我們無法理解為什麼有些人必須承受如此的磨難和死亡。認識空性的智慧是有幫助的。當一個嬰孩、一位老祖母、一個年輕人死於災難，不知為何我們感到我們的一部分也跟著死去。我們和他們一起死去，因為我們不是單獨的自我，我們皆屬於相同的物種。只要我們活著，他們也就活在我們身上。以無我的智慧，我們可以讓他們繼續美麗地活在我們身上。

涅槃，即實相的究竟本性，是不定的；它是中立的。這是為什麼宇宙萬事萬物皆是奇蹟。蓮花是一個奇蹟，泥淖也是。木蘭花是一個奇蹟，毒櫟也是。善惡的概念是我們的心所設，而非自然所創造。當我們放下和釋放所有這些概念，就能領會實相的真實本性。我們不能說地震、風暴或火山是「善」或「惡」。萬事萬物皆有其角色。

因此我們可能需要重新檢視我們看待神的方式。如果神只在善的那邊，神就不可能是究竟實相。我們甚至不能夠說神是所有存在的基礎，因為如果神是存在的基礎，那什麼是非存在的基礎呢？我們不能以存在和非存在的角度在來談論神。即便是觸及究竟所生的平靜快樂，也是來自我們內在，而非來自究竟本身。究竟，即涅槃，並非**本身**就是平靜、喜悅，因為沒有「平靜」或「善」這樣的概念或分類可以用來表示究竟。究竟超越所有的範疇。

不要等待涅槃

當佛陀在菩提樹下證悟時，他是人類之身；在他證悟之後，他依然是一個人類，具有人類身體必須承擔的一切苦痛和煩惱。佛陀並非石頭所做。就像我們所有人一樣，他感受得到情感和情緒、痛苦、寒冷、飢餓和疲累。我們不應認為，因為我們感受得到身為人類的煩惱與苦痛，所以我們無法得到平靜，無法觸及涅槃。佛陀即使在證悟之後，還是會感受到苦痛。根據他的教法和生平故事，我們知道他經歷苦難。重點在於他知道如何經受苦痛。他的醒覺來自受苦：他知道如何運用苦痛親證醒覺。因為如此，他所受的苦難比我們大多數人來得少。

以正念所做的每次呼吸，或所踏出的每一步，都能夠為我們帶來自在快樂。一旦停止正念的修習，苦受就會出現。片刻的寧靜、快樂和自在不斷聚合，創造出大醒覺和大自在。我們還能多要求什麼？可惜許多人仍然以為，一旦體證了醒覺，就到此為止，我們已經開悟了。我們認為開悟之後將不會再有任何問題，我們可以永遠擺脫苦痛。但那是不可能的。醒覺與苦痛總是相伴。如果你從苦痛中逃開，就絕不可能得到醒覺。因此苦痛不是問題，我們需要的是學習如何面對它。醒覺可以在受苦的心中被找到。因為火焰的轉化，我們觸及了涅槃的清涼。而本書的修習方法能夠幫助你在沿途的每一步中，感受到平靜與自在。

結語　該好好生活了！

諦觀空性、無相、無願、無常、無貪、放下和涅槃這七個法門，是相當實用的。當我們將其落實在日常生活中，我們可以逐漸擺脫恐懼、焦慮、憤怒和絕望。相即相入（interbeing and interdependence）的智慧有助我們全然享受當下的片刻，察覺存在的浩瀚無垠，珍惜我們所有不同的身體。我們能夠真正活出自己，與所愛的人和解，轉化我們的困頓和苦痛。

運用這些智慧，我們的生命有了更好的品質。不論我們做什麼，都有更多的喜悅、寧靜和慈悲。我們領悟到不必等到上天堂或至涅槃才能快樂；我們能夠在此時此地就觸及天堂和涅槃。當我們在這一刻深深理解了實相，我們就觸及了永恆。我們超越了生死、有無、來去。我們精通了生活的藝術，我們知道我們並未虛擲生命。我們不僅想要活下去，我們還希望好好地活著。

正念修習的直接產品是每時每刻都感到喜悅、平安與快樂。如果你以正念從停車場走到辦公室，每一步都是平靜，每一步都是自在，每一步都是療癒。抵達辦公室只是一個副產品。學習自在地行走，可以培養快樂安住於當下的習慣。走路的自在和快樂會進入你身體的每一個細胞裡。倘若你能夠每天都這麼做，正念行走將成為一種生活方式，一門生活的藝術，而你可以將這門藝術傳遞給你的孩子。

科學家告訴我們生活就是為了學習。我們這個物種已經學習了數百萬年。我們學會如何適應環境。為了生存，我們一直都在學習。根據物競天擇的法則，不適者無法生存。假如我們想在這個被壓力、焦慮、恐懼和絕望給淹沒的社會中生存，就必須學習如何面對它。我們學到的東西會變成我們傳遞給下一代的基因和精神的一部分。那樣的傳承就在我們的細胞和集體意識中。

人類在演化為智人之前，是先從巧人（*Homo Habilis*）演化為直立人，在演化過程中，每個新階段的發生都是學習的結果。有些人談到名為**覺人**的新物種，這種人類具有保持正念的能力。佛陀屬於這個物種。他的弟子和弟子的弟子，也屬於這個物種。他們知道如何保持覺察行事。他們正念地走路、正念地吃飯、正念地工作。他們明白伴隨正念而來的是專注和智慧——這樣的智慧讓他們能夠深刻地過生活，避免危險。他們是透過生活在學習。

如果一個物種無法適應生活環境，它將無法生存。有兩種方式可以適應現在的環境。其一是在充滿危險、壓力和絕望的處境中找到保護自己的方法，別淪為環境的犧牲品。每日的修習就是一種保護你自己的方式。思考的方式、呼吸的方式、走路的方式都是種種保護。因為正念、專注和智慧的能量，你能在充滿壓力、有毒的環境中存活下來；因為你的理解和慈悲，你不會讓這個環境變得更糟糕。身為覺人的一份子，你的學習成果將銘刻在你身體的每個細胞裡，傳遞給未來世代。未來的世代將受惠於你的經驗，他們不僅能夠在充滿挑戰的環境下存活，還能夠過著快樂完滿的生活。

身為出家人，我並沒有基因上的子孫，但是我有精神層面的小孩。我可以將我的領悟和智慧，以及適應能力，傳遞給我的學生，也就是我精神層面的子孫。正如我看起來像我的父母，我的學生和弟子多少也看起來像我。這不是基因的傳承，而是精神的傳承。世界各地有數以千計的人像我一樣走路、坐著、微笑和呼吸。這個傳承已嵌入我學生的生命，銘刻在他們身體的每一個細胞裡，這是真正的傳承的明證。往後我的學生也將把這個與時俱進的適應力傳給他們的後代。

我們都能夠為覺人這個體現了正念、慈悲和證悟的物種盡一份力，讓他們得以在這世間持續發展和延續。這世界亟需證悟、理解、慈悲、正念和專注。有太多因壓力、憂慮、暴力、歧視和絕望所帶來的苦難，我們需要精神上的修行。憑藉著修行，我們才能夠適應不同環境並存活下去。堅實自在地生活，我們就能夠將正念、專注、智慧、喜悅和慈悲傳遞給他人。這是我們的遺產，我們的延續身，我們希望未來世代將承繼我們生命所提供的養分。

你也可能以不同的方式適應環境。你看到周遭的人都如此忙碌，於是你讓自己變得更忙以免落於人後。別人有辦法爬到頂端，於是你也採用相同的戰術，在工作和社會中爭鋒。你可能一度成功，但到頭來，對身為個體的你和做為整體的物種來說，這樣的適應是一種自我毀滅。

在今日的社會，我們都太忙了，甚至沒有時間好好照顧自己，無法輕鬆自在地與自己相處。我們難以好好照顧我們的身體、感受和情緒。我們害怕被自己的苦痛給壓垮，因此我們從自身逃離。這是我們文明的一個特徵。

然而，如果我們從自身逃開了，如何能夠照顧好我們所有的苦痛呢？如果我們無法照顧好自己，如何能夠照顧我們所愛的人？又如何能夠照顧好我們的地球母親？地球母親滋養和療癒我們，但是我們卻從她那兒逃跑了，甚至還對她造成傷害和破壞。科技讓我們變得更擅長遠離我們自身、家庭和大自然。

我們需要改革，一種溫和的大變革，一種醒覺，就在我們每一個人身上。我們需要反叛。我們需要宣告：「我不想再這樣繼續下去！這不是生命。我沒有足夠的時間去生活。我沒有足夠的時間去愛。」

一旦我們在自己的心識中展開一場革命，也會在我們的家庭和社群間引發一場基進的變革。但首先我們需要下定決心改變生活的方式。我們需要重新取回我們的自由，享受生命的奇蹟。當我們是快樂的，我們就擁有讓別人快樂的能量與力量。

當我們停下來呼吸，我們不是在浪費光陰。西方資本主義文明說：「時間就是金錢。」他們主張我們應該善用時間去賺取金錢。我們負擔不起停下來呼吸，或享受散散步，或對落日發出讚嘆。我們負擔不起時間的揮霍。然而，相較於金錢，時間更為珍貴。時間就是生命。回到我們自身的呼吸，覺察我們有一具不可思議的身體——這就是生命。

你有時間享受美麗的日出嗎？你有時間享受落雨的樂音、林間的鳥鳴、漲潮的溫柔呢喃嗎？我們需要從一場漫長的夢境中醒來。以不一樣的方式過生活是可能的。你看得出來你早已希望過得不一樣嗎？

時間不是金錢。時間是生命，時間是愛。

伴隨著集體的覺醒，事情會迅速轉變。我們所做的一切都應該致力於集體醒覺。人類可能充滿憎恨、惡意和暴力，但是憑藉著精神上的修行，我們有能力變得更慈悲，不僅守護我們自己這個物種，也守護其他的物種。我們有能力當個覺者（awakend being），守護我們這個星球，維持她的美麗。醒覺是我們的希望，醒覺是可能的。

我們需要把自己搖醒，如此我們才能夠改變我們生活的方式，才能夠有更多的自由、快樂、活力、慈悲和愛。我們必須察覺我們的生命，如此我們才有時間好好照顧我們的身體、情緒、所愛的人和我們的星球。好好照顧我們自己和其他人，是我們想要傳承給未來世代的一種適應力。我們必須去除社會加諸我們身上的壓力。我們必須抵抗。從停車場走到辦公室的方式，就是一種改變：「我拒絕奔趕，我抗拒。我不會遺落一個片刻或一個腳步。我在每一步中重新取回我的自在、安詳和喜樂。這是我的生命，我希望深刻地活過。」

後記　幸福之路

正念五學處代表佛教徒對全球精神生活和倫理的願景。它們不屬於任何宗教派別，它們具有普世性。所有精神傳統都與這些學處若合符節，它們並非戒律★，而是源自正念與智慧的慈悲修習。

它們是一種生活方式，體現了相即的智慧：萬事萬物息息相關，快樂與苦受並非不同的問題。遵循正念五學處，是將諦觀空性、無相、無願、無常、無貪、放下和涅槃的智慧落實於日常生活的具體方法。它們表現出正念生活的藝術，一種有助我們轉化和療癒我們自身、我們的家庭、我們的社會和地球的生活方式。正念五學處有助我們長養我們希望傳承給未來世代的適應力。這些學處是幸福之路，只要明白我們正走在這條道路上，沿途的每一步都能感受到寧靜、快樂和自由。

★譯按：可將正念五學處對比傳統佛教的五戒學處：不殺生、不偷盜、不邪淫、不妄語、不飲酒。

正念五學處

一、尊重生命

明白殘害生命所造成的痛苦，我發願長養相即和慈悲的智慧，學習守護人類、動物、植物和礦物生命的方法。我絕不殺生、不讓他人殺生，也不在我的思想或生活方式上，支持世間任何殺生的行為。明瞭造成傷害的行為是源於憤怒、恐懼、貪婪和不寬容這些來自二元對立的思維和分別心，我願培養寬大、無分別心和不執著於任何知見，以轉化在我自身和世界上的暴力、狂熱盲信與教條主義。

二、真正的快樂

明白剝削、社會不義、偷盜和壓迫所帶來的痛苦，我發願在我的思想、言語和行為中修習慷慨大度。我絕不偷盜，不占有任何應屬他人的事物；我願與那些有需要的人分享我的時間、能量、物質資源。我願修習深刻地諦觀，明瞭他人的快樂和痛苦與我自身的快樂和痛苦無異；明瞭沒有理解與慈悲就沒有真正的快樂；明瞭追逐財富、名望、權力和感官享樂會帶來許多苦惱和絕望。我明白快樂與否取決於我的心態，而非外在條件；我明白我在當下這一刻就能快樂生活，只要我記住快樂的條件早已具足。我發願修習正命（Right Livelihood）★，幫助減少世間眾生的苦痛，以及改變全球暖化的現況。

三、真愛

明白不正當的性行為所帶來的痛苦，我發願長養責任感與學習如何守護個人、伴侶、家庭和社會的安全與健全。我知道慾望不等於愛，源於貪愛的性行為經常會傷害自己和他人。若沒有真愛，缺乏對家人朋友的深刻與長期的承諾，我絕不涉入這樣的性關係。我願盡己所能保護孩童免受性侵害，以及防止不正當的性行為所造成的夫妻離異與家庭破碎。明瞭身心一體，我發願學習適當的方法照顧好我的性能

★譯按：八正道之一，正當的謀生方式。

量，長養慈愛、悲憫、喜悅和包容這四個真愛的基本要素，讓我自己和他人更加幸福。修習真愛，我們知道自身將會美好地延續，直到未來。

四、愛語和諦聽

明白缺乏正念的言語與無法傾聽他人所帶來的痛苦，我發願長養愛語和慈悲地諦聽，以解脫苦難，促進自身、人際、不同種族和宗教群體之間的和解與和平。明白話語能夠創造幸福也能造成痛苦，我發願真誠地說話，使用能鼓舞信心、喜悅和希望的話語。當憤怒升起，我絕不說話。我願修習正念呼吸與行走，察覺並深刻諦觀我的憤怒。我知道憤怒的根源在於對自身和他人的痛苦抱持錯誤知見與缺乏理解。我願使用愛語和諦聽，幫助自己和他人轉化苦痛，並找到走出困境的道路。我絕不傳播我不確定的消息，也不說會引起分歧或不和的話語。我願修習正精進（Right Diligence），以滋養理解、愛、喜悅和包容的能力，並逐漸轉化意識深處的憤怒、暴力與恐懼。

五、滋養和療癒

明白缺乏正念的消費所帶來的痛苦，我發願修習正念飲食和消費，為我自身、我的家庭和社會長養身體和心理上的健康。我願修習諦觀如何受用四種食糧★：麤摶食（可食用的食糧）、細觸食（感官印象的食糧）、意思食（意志的食糧）、識食（心識的食糧）。我絕不賭博、飲酒、吸毒或使用其他含有毒素的產品，如某些網站、電子遊戲、電視節目、電影、雜誌、書和對話。我願修習回到當下這一刻，探觸我身上清新、療癒和滋養的要素，不讓懊悔和悲傷牽引我沉溺過往，也不讓焦慮、恐懼或貪愛將我從當下這一刻拉走。我絕不讓自己藉由消費來遮掩寂寞、焦慮或其他苦痛。我願修習深觀相即和正念地消費，在我的身體與心識，以及在我的家庭、社會和地球這個共同體與集體意識中，保持平靜、喜悅與安樂。

★譯按：「四食」出處為《雜阿含373經》，*Samyukta Agama, Sutra 373*。

國家圖書館出版品預行編目資料

正念生活的藝術：轉心禪修七法門，此時此地就能自在幸福
一行禪師 Thich Nhat Hanh 著　陳麗舟 譯
二版. -- 臺北市 : 商周出版；城邦文化事業股份有限公司出版 : 英屬蓋曼群島商家庭傳媒股份有限公司城邦分公司發行　2025.01　面；　公分

譯自 : The Art of Living: Peace and Freedom in the Here and Now

ISBN 978-626-390-402-6（平裝）

1. 佛教修持

225.7　113019649

正念生活的藝術：轉心禪修七法門，此時此地就能自在幸福

原著書名／The Art of Living: Peace and Freedom in the Here and Now
作者／一行禪師 Thich Nhat Hanh
譯者／陳麗舟
責任編輯／陳玳妮

版權／游晨瑋、吳亭儀
行銷業務／周丹蘋、林詩富
總編輯／楊如玉
總經理／彭之琬
事業群總經理／黃淑貞
發行人／何飛鵬
法律顧問／元禾法律事務所 王子文律師
出版／商周出版
台北市南港區昆陽街 16 號 4 樓
電話：(02) 25007008　傳眞：(02)25007579
E-mail：bwp.service@cite.com.tw
Blog：http://bwp25007008.pixnet.net/blog
發行／英屬蓋曼群島商家庭傳媒股份有限公司城邦分公司
台北市南港區昆陽街 16 號 8 樓
書虫客服服務專線：(02)25007718；(02)25007719
服務時間：週一至週五上午 09:30-12:00；下午 13:30-17:00
24 小時傳眞專線：(02)25001990；(02)25001991
劃撥帳號：19863813；戶名：書虫股份有限公司
讀者服務信箱：service@readingclub.com.tw
城邦讀書花園：www.cite.com.tw
香港發行所／城邦（香港）出版集團有限公司
香港九龍土瓜灣土瓜灣道 86 號順聯工業大廈 6 樓 A 室
E-mail：hkcite@biznetvigator.com
電話：(852) 25086231 傳眞：(852) 25789337
馬新發行所／城邦（馬新）出版集團【Cité(M)Sdn. Bhd.】
41, Jalan Radin Anum, Bandar Baru Sri Petaling,
57000 Kuala Lumpur, Malaysia.
Tel: (603) 90563833 Fax: (603) 90576622
Email: services@cite.my

封面設計／王小美
排版／極翔企業有限公司
印刷／卡樂彩色製版印刷有限公司
經銷商／聯合發行股份有限公司
電話：(02) 2917-8022 Fax: (02) 2911-0053
地址：新北市 231 新店區寶橋路 235 巷 6 弄 6 號 2 樓

■ 2025 年 1 月二版
定價 330 元　Printed in Taiwan

 ISBN 978-626-390-402-6（平裝）
9786263904002（EPUB）